JN044452

3D「立体図」は伝えるチカラになる

製図の知識がなくても「立体図」は描ける！

一般社団法人 発明学会 会長
東京発明学校 校長
中本繁実[著]

◯日本地域社会研究所　　　コミュニティ・ブックス

説明図を描くのは、３Ｄ「立体図」に限らず、多くの人が苦手だ、むずかしい、といいます。それで、頭をいためています。

　それは、製図法にしたがって描かれた、複雑な機械の設計図のことを考えるからでしょう。

　ところが、３Ｄ「立体図」を描くのはやさしいです。作品を製作するための図面ではないので、気軽に描けます。一般的な設計図や製作図とは、目的が違います。あなたの作品の内容をひと目で理解していただくために、どのような図面を描けばいいか、それを考えるだけでいいからです。

　その図面が３Ｄ「立体図」です。一見して、内容がわかるので、プレゼンに３Ｄ「立体図」は最適です。

　この３Ｄ「立体図」という図面は、実は、みなさんが小学生のころ描いた写生図（見取り図）という図面です。３Ｄ「立体図」は、三角定規などを使って、製図的に描くだけです。基本的には「見取り図」の描き方と同じです。だから、やさしいのです。

　そこで、本書は製図の知識がなくても、３Ｄ「立体図」が描けるようにまとめました。また、はじめて３Ｄ「立体図」に取り組む人でも、ちょっと始めたら、描くのがおもしろくて、やめられない、……というような、楽しい本にまとめました。３Ｄ「立体図」は、手を使って、カンタンな製図用具で、図面を描きあげる、という学習法です。だから、楽しく、学習できます。

　しかも、日々、上達していくのがよくわかります。子どもの成長と重なるところがあります。そして、その結果、スグに確認ができます。この便利な３Ｄ「立体図」を多くの人に、プレゼンの場で活用していただきたいと思っています。

はじめに

こんにちは！
私が中本 繁実（なかもと しげみ）です。
よろしくお願いいたします。

私たちは、毎日の生活の中で、不便なことや困ったことをいつも体験します。

また、毎日のように、悩みの種（たね）が生まれます。

その課題（問題）を、改善すると、特許（発明）などの知的財産権に結びつきます。

会社では、提案・改善が行われています。その提案書や特許（発明）の出願の書類には、説明書と一緒に説明図をつけます。そのとき、３Ｄ「立体図」を活用していただきたいのです。

３Ｄ「立体図」は、物品の形状がよくわかります。だから、プレゼンの説明図として、素晴らしい〝表現力〟をもっています。

長々と書いた説明書を読まなくても、３Ｄ「立体図」は、一図（いちず）で、形が実物と同じようにみえます。だから、いいたいことが一目瞭然です。

３Ｄ「立体図」は、自動車やＯＡ機器、電気製品などのパンフレットでも、よくみかけます。広告やカタログなどのイラストにもＰＲ効果があります。だから、たくさん使われています。

特許庁へ出願する特許（発明）などの図面でも、審査官が一見して、作品の形状のポイントが理解できます。

特許（発明）の図面では、３Ｄ「立体図」のことを「斜視図（しゃしず）」といいます。

会社で、業務の改善・提案をするとき、文科系出身の上司で、製図の

知識がなくても、３Ｄ「立体図」は、効果がバツグンです。しかも、説得力があります。

　３Ｄ「立体図」は、幅広い産業の分野で活用されています。

　３Ｄ「立体図」は、本当に便利な説明図です。

　そこで、私は、初心者が３Ｄ「立体図」を楽しみながら、ちょっと始めたら面白くて、途中でやめられなくなってしまい、家族から、早く寝なさいよ！　なんて、いわれちゃいましたよ、……などという言葉を聞くくらい、夢中になるような本を書きたいと思いました。

　本書で説明している各説明図に、寸法を記入していません。だから、作図の練習をするときは、読者のみなさんが描きやすい大きさにしてください。

　たとえば、１目盛りを５㎜、10㎜を目安にしてください。

　３Ｄ「立体図」の描き方は、本当に簡単です。少し、学習すれば、物品の形が簡単なものは、だれにでも描けるようになります。とても、便利な下書き用紙もあります。

　本書の第１ページを開いてください。やさしい事例で、３Ｄ「立体図」の描き方を説明しています。久しぶりに、学校の教室で、教科書を開いている雰囲気が味わえます。

　また、これなら、描ける、大丈夫！　と、きっと思っていただけます。それに、一気に読めます。

　漢字を書くときの筆順と同じように、３Ｄ「立体図」の描き方の手順を図解で説明した、ユニークな本です。

　本書を、“プレゼンは、３Ｄ「立体図」が伝えるチカラになる”本の参考書として、おおいに活用していただきたいです。

　令和３年７月

　　　　　　　　　　　　　　　　　　　　　　　　中本　繁実

もくじ

第1章

プレゼンは、3D「立体図」が伝えるチカラになる

１．改善・提案・発明などのプレゼンの説明図が
ひと目で理解できるように表現できる

　改善・提案が、どこの職場でも行われています。そして、それを特許（発明）などに結びつけています。

　その提案書を書くときに、説明書と同じように大切なのが説明図です。

　それは、改善・提案の内容を相手に正しく理解していただくための説明図だからです。

　このように、説明図は大切なのに、説明図の描き方はむずかしいと思っている人が意外に多く、説明図をうまく描けないまま、提案書を提出してしまうのです。

　その結果、それが素晴らしい提案の内容であっても、正しく理解してもらえなかったり、情報の伝達がうまくできなくて、取りあげられなかった、……という苦い体験を味わった人も多いのではないでしょうか。

　たとえば、作品を製作する図面だと、寸法が数ミリ違うと、物品ができなかったりします。ところが、説明図で、一番効果的な３Ｄ「立体図」は、作品を製作するための説明図ではありません。だから、細かいところに気をつかわなくてもいいのです。

　その３Ｄ「立体図」の描き方は、製図の中ではやさしいほうです。人の性格にたとえていうなら、おおらかです。

　だから、３Ｄ「立体図」は、製作図と違って、少し練習をすれば簡単な物品の形は、だれでも、楽しみながら、描けるようになります。

　以上の理由から、提案書につける説明図は、内容がひと目で正確に、だれにでも伝わる説明図がいいわけです。その説明図が３Ｄ「立体図」です。

　すなわち、活字だと２ページも、３ページも、苦手な文章で、くどくどと説明しなければいけませんが、３Ｄ「立体図」のように１枚の絵「図」にすれば、効果は十分です。とにかく、説得力があります。

　３Ｄ「立体図」の描き方には、いろいろな方法があります。本書では、基本形で、やさしくて、すぐに役に立つものを説明します。

　※３Ｄ（スリーディー・three dimensions）は、幅と奥行と高さがある画像の立体の意味です。

２．改善・提案・発明の事例にみられる　　プレゼンの説明図のいろいろ

　ここで、改善・提案・発明の事例にみられる説明図を紹介します。

　事例の中には、フリーハンドで描いたものもあります。でも、見事採用されています。なお、三角定規などを使わないで描くことをフリーハンド（手書き）で描く、といいます。

　説明図は、きれいに描くほうがいいに決まっています。だけど、上手に描けないです。だから、といって、心配することはありません。

　ここでは、読者の参考になるものを、いくつか紹介しましょう。この程度に描けばいいのか！　と、いう軽い気持ちで見てください。

（１）針がみえるホッチキスの作品

　ホッチキスは、多くの人が、職場で、家庭で、学校で使っています。

　ところが、どんな便利なものでも、欠点があります。

　ホッチキスの場合は、中に針が残っているかどうかがわからないことです。

　急いでパチッとやったが、針がない。新しい針を入れる。……、いらだたしさが〝チェッ〟となります。

　そこで、針を収納するところの側面に窓を開けました。これで、針があるか、ないか、ひと目でわかる、という針がみえるホッチキスです。

・「針がみえるホッチキス」の説明図

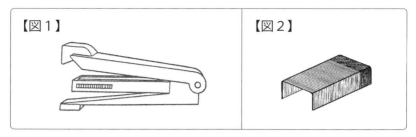

【図1】　【図2】

※「ホッチキス」の針の改善・提案の話は、第8章で説明します。

（2）押しピンの作品

　押しピンは、安くて大変便利です。だけど、1つ欠点があります。

　それは、ポスターなどを掲示板から、押しピンが抜きにくいことです。

　そこで、多くの人が抜きやすい押しピンを考えます。

　たとえば、説明図のように、中央につまみをつけます。

　そうすれば、簡単に抜くことができる、という押しピンの作品です。

・「**押しピン**」の説明図

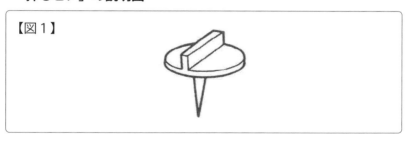

【図1】

（3）鉛筆の作品
◆「目盛りをつけた鉛筆」

　鉛筆は、親しみがあります。当然、鉛筆について、多くの人が作品を
考えています。

その中で一番多いのは、鉛筆の側面に、目盛りをつけて、いつでも〝ものさし〟の代わりにしたらいい、という目盛りをつけた鉛筆の作品です。

・「**目盛りをつけた鉛筆**」の説明図

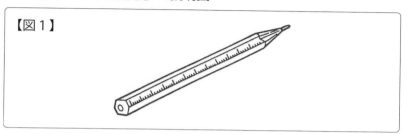

【図1】

◆「**等分割の目盛りをつけた鉛筆**」

グラフや表をつくるとき、定規を使って、寸法を等分割したり、平行線をたくさん描くことがあります。

そこで、上と下を異なった寸法で等分し、放射線状に結んだ線を描き、これを、鉛筆に巻きつけた作品です。

任意の間隔で等分したいときは、鉛筆をころがして、目盛りをつけたい間隔に線の両端を合わせ、そこに、印をつけて、鉛筆の定規にして線を引けば、簡単に寸法を等分割できる、という等分割の目盛りをつけた鉛筆の作品です。

・「**等分割の目盛りをつけた鉛筆**」の説明図

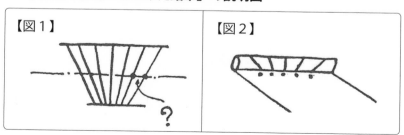

【図1】　　　　　【図2】

（4）磁石クリップの作品

　会社の改善・提案の係の人から、よく聞くことですが、事務系の人からは、改善・提案の件数が少ない、……といいます。

　そこで、私は、事務系の人を指導するとき、机の上で、いつも使うような事務用品の改良をすすめています。

　そして、次のような作品を紹介しています。

　事務所には、スチール製の机や棚などがあります。

　すると、フックつきの釘やねじ式のものが使えません。メモ用紙などをどこに吊るすか悩むでしょう。

　そんなとき、磁石のついたクリップを考えた人がいます。

　これが、いま、よく使われている、磁石クリップの作品です。

・「磁石クリップ」の説明図

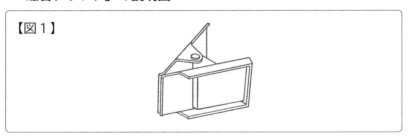

【図1】

（5）ウインナーカッターの作品

　ウインナーソーセージは、手軽で便利な食品です。子どもは大好きです。だから、お弁当のおかずに欠かせません。

　しかし、包丁で、切れめを入れるのが大変です。そのうえ、切れめの間隔がバラバラになったり、深く切ったり、浅く切ったりで、お母さんは大忙しです。

　そこで、竹筒を半分に切った形の、2つに折れるプラスチックの容器の内側に刃をつけた〝ウインナーカッター〟を考えました。

　容器の内側に、ウインナーを入れて、手でギューッとはさむと、両面に同時に切れめが入る便利な小道具、ウインナーカッターの作品です。

・「ウインナーカッター」の説明図

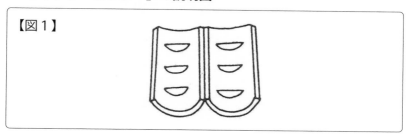

【図1】

（6）マグネットタイプのブックホルダーの作品

　いままで、台所の製品といえば、その容器などを取りつけるために、吸着盤や両面テープを使ったものが普通でした。それは、両方とも素材の価格が安いからです。でも、両方とも欠点があります。

　吸着盤は、取りつける場所が平面で、きれいでないと、はずれて落下してしまいます。また、長い時間使っていると、空気が入って、突然落下してしまうことです。それでも、安価で手軽だ、ということで、やむをえず買って、使用しているのが一般的です。

　でも、最近の台所は、冷蔵庫の大型化や、電気釜などを乗せるスチール家具だとか、電子レンジの普及で、マグネットが使える場所がふえました。

　そのため、価格は少々高くなりますが、裏面にゴム磁石のついたマス形の容器などが、販売されよく売れています。

　それには、1つ欠点があります。それは、このマスより、幅が広いものは入らないことです。その点に着目したのです。

　雑誌や料理カードの大きさに、自在に対応できるように、容器をタテに、2つにわけて、フリーサイズにしたのです。

こうすると、幅の広いものは、わけられた２つのますの間隔をあける
ことによって、どんな広いものでも、入れられる、というマグネットタ
イプのブックホルダーの作品です。

・「マグネットタイプのブックホルダー」の説明図

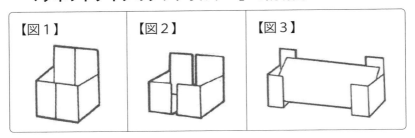

【図１】　　　【図２】　　　【図３】

（７）包丁の作品

　包丁には、種類がたくさんあります。

　たとえば、キュウリやハムなどを薄切りにするとき、包丁の側面にくっ
ついて困ります。

　そこで、包丁の側面に凹凸部をつけた、という包丁の作品です（図１）。

　アルミ箔に、ボツボツと小さなでっぱりをつけて、包丁の側面に貼り
つけた作品です（図２）。

　高さ約１ミリの突起をつけて、その下に約７ミリくらいの穴をあけ
た包丁の作品です（図３）。

・「包丁」の説明図

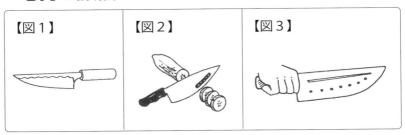

【図１】　　　【図２】　　　【図３】

（8）箸置きをつけた割り箸の作品

　割り箸は、使い捨てで便利です。だから、家庭でもよく使われています。それで、来客の場合には、箸置きを用意するのが一般的です。箸おきがあると、気持ちよく、美味しく、食事ができるのでは、……。また、出張や旅行の車中で駅弁を食べるときも同じです。

　膝の上で弁当の包装をとき、蓋をあけて、割り箸を２つに割ろう、とします。ところが、そのとき、両手があいていないことがあります。

　片手で割れない。こんなとき、男性なら、割り箸の片側を口にくわえて、割る人が多いでしょう。しかし、カッコが悪いです。そこで、次のような提案がありました。

　割り箸の一端に、Ｖ字の切りこみをつけ、箸置きをつけた割り箸を考えました。

　図１は、箸置きをつけた、割り箸の斜視図です。

　図２は、割り箸と箸置きの使用状態を示した斜視図です。

・「箸置きをつけた割り箸」の説明図

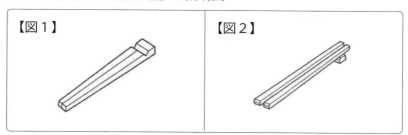

【図１】　　　　　　　　　【図２】

（9）紙製のスプーンの作品

　出張や旅行のとき、新幹線などの車中でコーヒーを注文して、飲むとき、紙コップに、プラスチックの小さなスプーンがついています。

　紙コップは、捨てるのに抵抗を感じないが、スプーンはキレイなのに、もったいない、と思います。

そこで、このスプーン、1回、かき混ぜるだけなら、紙製でもよくないか？　と考えたのです。

　1枚の厚紙の中央に、説明図の破線のように、折り目を入れました。

　この折り目を折りたたむと、紙製のスプーンができるわけです。

・「**紙製のスプーン**」**の説明図**

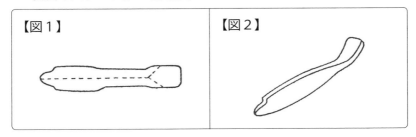

（10）へん平足をなおす下駄の作品

　むかしから、笑いをさそう珍発明は、たくさんあります。

　中には、話を聞いただけで、笑ってしまうものもあります。たいていは、ある点から飛躍しすぎた作品です。

　この作品は、竹筒を切って、それに鼻緒をつけた下駄です。

　むかしから、へん平足をなおしたり、あるいは、健康になるため、竹の筒をタテに半分に割って、その上を、土踏まずで踏むのがいい、……といい伝えられ、実行されてきました。

　これは、残念ですが、製品化されませんでした。しかし、珍発明として、長くのこるでしょう。

　この考え、もっと変化をつければ、意外にヒット商品になるかもしれません。みなさんも、形、材料、靴、サンダルを連想して、1つ、2つ考えてみませんか。

・「へん平足をなおす下駄」の説明図

【図1】

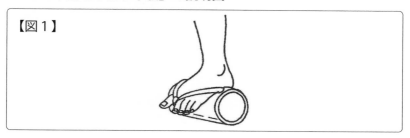

（11）下駄の作品

　下駄といえば、昔から、鼻緒の穴は、図1のようについていたのを、履きやすくなるために、図2のように穴をあけました。穴の位置をかえたのです。

　そうしたら、とても履きやすくなった、という下駄の作品です。

・「下駄」の説明図

【図1】　　　　　　　　　　　【図2】

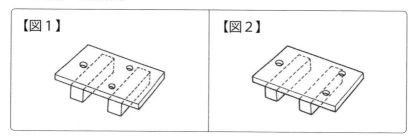

（12）凹み（くぼみ）つきの石けんの作品

　固形の石けんが小さくなりました。そのまま捨てるのは、もったいないです。たいていの場合は、新しい石けんの上に貼りつけて使います。しかし、すぐ、はがれてしまいます。貼りつけた石けんがでっぱるから、そこに、力がかかってはがれるのだ、と原因がわかりました。

　そこで、石けんがはがれない工夫はできないか、と考えました。

それなら、新しい石けんに凹み（くぼみ）をつければいい、と気がつきました。この凹み（くぼみ）に、小さくなった石けんを押しこめば、はがれることはないでしょう。……という凹み（くぼみ）つきの石けんの作品です。

・「凹み（くぼみ）つきの石けん」の説明図

【図1】

（13）チューブの巻き取り器の作品

　以前、廃物利用という言葉が流行しました。それから生まれた作品もたくさんあります。よくいえば、もったいない心が作品を生んだ、といえます。わるくいえば、ケチの心が生んだ作品です。

　たとえば、歯みがきや、調味料のチューブの中身を最後まで、絞りだすのはむずかしいです。

　そこで、チューブの巻き取り器を考えました。

　切りこみに、チューブのお尻をはさみ、チューブを巻き取ると、中身を最後まで、簡単に絞りだせる、というチューブの巻き取り器の作品です。

・「チューブの巻き取り器」の説明図

【図1】

（14）ネクタイのハンガーの作品

　男のおしゃれのポイントは、ネクタイだといわれています。

　服やシャツに合わせた柄や色が、全体をグッとひきしめます。

　そのため、季節ごとにわけて、洋服ダンスのネクタイかけに吊るしておく人は多いです。

　ところが、選ぶとき、ネクタイが重なっているので、柄や色がみえません。また、幅が広いほうが重いので、すべり落ちやすいです。

　そこで、重ならないようにかけるネクタイのハンガーはできないか、と考えたのです。円い板に穴をあけ、板の上部に吊り金具をつけたものです。

　こうして、1つひとつの穴に一本ずつネクタイをかけると、重ならず、柄もひと目でみられます。だから、今日はどれにしようか、と決めるときも、すぐによりわけられるし、すべり落ちることもない、というネクタイハンガーの作品です。

　・「ネクタイのハンガー」の説明図

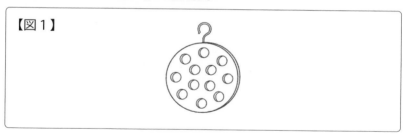

【図1】

（15）空き缶を活用した貯金箱の作品

　缶ジュースや缶ビールの空き缶を利用した貯金箱の作品です。

　これらの缶は、みんな、口の大きさが一定しています。

　そこで、利用したものです。

　つまり、この口にピッタリの押しこめるフタをつくり、空き缶を活用した貯金箱にするわけです。

・「空き缶を活用した貯金箱」の説明図

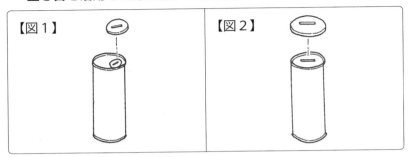

（16） 透明の窓をつけた傘の作品

　天気が風雨のとき、傘を前に傾けて歩くのは危ないです。

　そこで、傘のどこかに、透明の窓をつけるといい、という透明の窓をつけた傘の作品です。

・「透明の窓をつけた傘」の説明図

（17） スット抜ける差しこみプラグの作品

　プラグをコンセントに差しこむときより、抜くときに力がいります。

　そこで、考えたのが、指の入る輪をつくり、その先端にコの字状になる折り目を入れ、そこにプラグの差しこみ金が入る穴を２つ開けるというものです。抜くときは、輪に指を入れて、引っぱればＯＫというわけです。

・「スット抜ける差しこみプラグ」の説明図

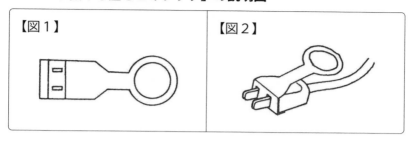

3．プレゼンの説明図「情報」は少ない方がいい

　３Ｄ「立体図」は、なぜ、いいのでしょうか。普通、図面「製図」といえば、３つの情報「正面図、平面図、側面図」（正投影図）のことを想像するのが一般的です。説明図は、ブロックの形の「消しゴム」です。

・「消しゴム」の「正面図、平面図、側面図」と３Ｄ「立体図」

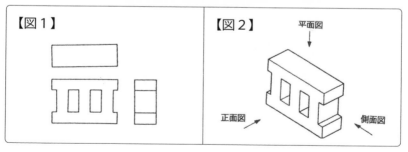

　この、正面図、平面図、側面図（左側面図、右側面図）のほかに、底面図と背面図がありますが、これらの図を製図法では〝正投影図（せいとうえいず）〟といいます。

正面図……品物を真正面から見て描いた図。

平面図……品物を真上から見て描いた図。

側面図……品物を真横から見て描いた図。

　この説明図には、３つも情報があります。それなのに、その形がすぐにはピンとこないでしょう。

　物品の形を理解するためには、図面を読むための、ある程度の製図の知識が必要です。

・積み木の３Ｄ「立体図」・トンカチの３Ｄ「立体図」と「正面図、平面図、側面図」

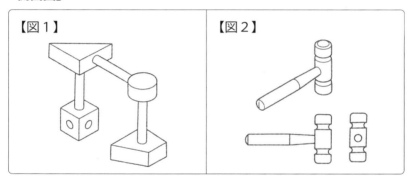

【図１】　　　　　　　　　【図２】

　だから、子どもが夢中になる〝プラモデルの組立図〟には、この説明図は使わないでしょう。

　製図の知識がない子どもでも、３Ｄ「立体図」を見て、「組み立て」ができることが必要です。もし、説明図を見て、組み立てる順序がわからなかったら、子どもは、プラモデルを買わないでしょう。

　だれにでもわかるように、３つの図面「正面図、平面図、側面図」の情報を１つにまとめたのが３Ｄ「立体図」です。

　３Ｄ「立体図」は、見取り図、斜面図ともいわれています。特許の図面〝斜視図（しゃしず）〟と、よんでいます。

これなら、形がすぐにわかるからです。見るほうは、ラクです。

このように、製図の知識がない人には、都合のいい図面です。

● **練習問題**

　練習のために、左側に3D「立体図」を描いて、右側に「正面図、平面図、側面図」（正投影図）を描いています。

　読者は、左側の3D「立体図」をふせておいて、右側の正投影図から、3D「立体図」を想像する練習をしてください。

　説明図は、「画びょう」と「ボールペン」です。

◆「**画びょう」の3D「立体図」と「正面図、平面図、側面図」**

◆「**ボールペン」の3D「立体図」と「正面図、平面図、側面図」**

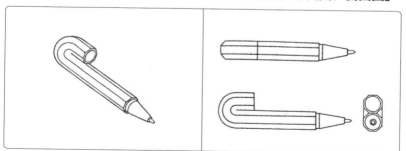

4．立体図「テクニカルイラストレーション」とは

　立体図「テクニカルイラストレーション」とは、スケッチ、つまり写生図のように、物品の形を斜め上から見て、写真で見るように、描いた立体的な説明図のことで、一般的には「見取り図」といわれています。

　このように、物品の外観やしくみを、わかりやすく描いた説明図を、立体図「テクニカルイラストレーション」といいます。

　説明図は、立体図「テクニカルイラストレーション」で示した、テープカッターの〝立体分解図〟です。

◆ テープカッターの 〝立体分解図〟

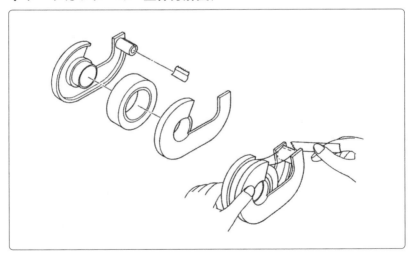

　身近なところでは、「鉛筆＋消しゴム」の消しゴムをつけた鉛筆の３Ｄ「立体図」や消しゴムをつけた鉛筆の「立体分解図」です。

　この作図例でもわかるように、３Ｄ「立体図」は、製図の学習をしていない、小さい子どもでも、ひと目で見てわかります。

　もし、写生で、そのものを立体的に正確に描こうとすれば、時間をかけて、デッサンの練習をしなければならないでしょう。

　しかし、3D「立体図」を習うと、だれでも、いま、すぐ、機械的に描けるようになります。だから、不思議です。

　この技術は、すぐに活用できるから素晴らしいのです。

　また、物品の形がよくわかります。だから、職場でも、新入社員の教育やパートタイマーの人に、作業手順や重要なポイントを短時間で教えるために使われています。

　特許庁には、毎年、数十万件の出願（特許、実用新案など）があります。

　その出願の書類には、みんな、3つ、4つの説明図がついています。

　この特許の図面でも、立体図「斜視図」は、大活躍しています。

　図例は、「消しゴムをつけた鉛筆」です。

◆「消しゴムをつけた鉛筆」の3D「立体図」と「立体分解図」

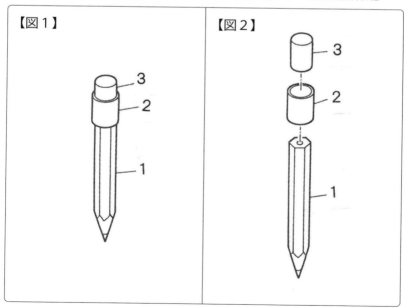

5. 3D「立体図」を描くまえに

　本書をめくっていただければ、立方体や直方体などの簡単な図形の3D「立体図」が、あなたの目に飛びこんでくるでしょう。

　これは、一定のルールのもとに、立体的に描かれたものです。

　説明図は、立方体の「サイコロ」（図1）、「テーブルと椅子」（図2）です。

　この説明図からわかるように、90°タテの線（垂直線）（3）、30°左上がり斜線（2）、30°右上がり斜線（1）の3方向の線だけで、3D「立体図」が、描けるし、サイコロのめの円（4）と椅子の円（4）は、図のように楕円形に描かれます。

　90°タテの線（垂直線）（3）、30°左上がり斜線（2）、30°右上がり斜線（1）の3方向の線は、三角定規で描けます。楕円（4）は、35°16′楕円定規（35°16′楕円定規テンプレート）で描けます。

　これが、3D「立体図」の特徴です。

　3D「立体図」の描き方を説明するまえに、3D「立体図」を描くときに使用する方眼紙について、少し説明しましょう。

　この用紙のことを「立体三角グラフ用紙」といいます。

◆「サイコロ」3D「立体図」

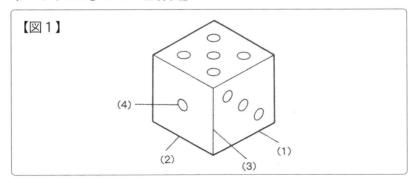

【図1】
(4)
(2)　(3)　(1)

◆「テーブルと椅子」3D「立体図」

【図2】

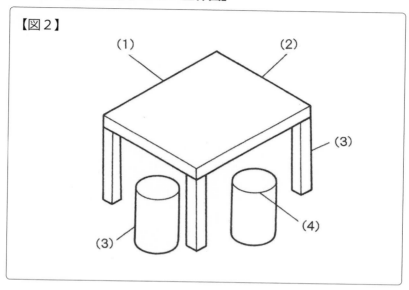

(1)
(2)
(3)
(3)
(4)

※楕円は、正式には、35°16′（35度16分）楕円になります。
　これを略して「35°楕円」といいます。

第2章

だれでも
ひと目でわかる
３Ｄ「立体図」が
描ける

1. これは便利、「立体三角グラフ用紙」

　みなさん、これから、私と一緒に、３Ｄ「立体図」の描き方を学習しましょう。３Ｄ「立体図」が描ける便利な下描き用紙があります。

　90°タテの線（垂直線）、30°左上がり斜線、30°右上がり斜線が印刷されている用紙です。

　とても不思議な用紙です。「立体三角グラフ用紙」といいます。

　この用紙は、定規を使わなくても、シャープペンシル（鉛筆）で、用紙の３つの方向の線をなぞるだけで、だれにでもスグに基本形の立方体、直方体の３Ｄ「立体図」が描けます。

　それを、まず、体験しましょう。

　本書で説明している各説明図には、寸法を記入していません。だから、作図の練習をするときは、読者のみなさんが描きやすい大きさにしてください（たとえば、１目盛りを５㎜、10㎜を目安に）。

【立体三角グラフ用紙】

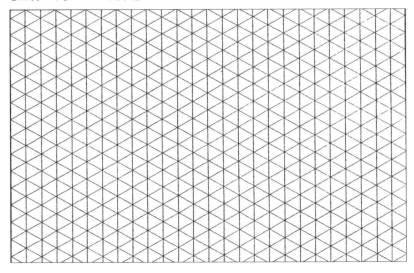

２．それでは、立方体、直方体の　　３Ｄ「立体図」から描いてみよう

　それでは、身近にある、サイコロ「立方体」、角柱、直方体などの物品を描いてみましょう。「立体三角グラフ用紙」を使って、３つの方向の線を、シャープペンシル（鉛筆）でなぞってください。

　製図の知識がない初心者の人でも、立方体、直方体の３Ｄ「立体図」が描けます。不思議で、びっくりしますよ。

　お子さんが、お父さん、お母さんのそばにきて、一緒に３Ｄ「立体図」を描きたがります。そのときは、親子で３Ｄ「立体図」を描いて、笑顔で楽しんでください。

　お子さんは、立方体、角柱、直方体の描き方を教えなくても、３Ｄ「立体図」が描けます。

　練習用の説明図は、定規を使わないで、フリーハンドで描いています。この「立体三角グラフ用紙」を利用してください。簡単に３Ｄ「立体図」が描けます。

　それでは、身近にあるものを、「立体三角グラフ用紙」に、描いてみましょう。初心者がいう３Ｄ「立体図」とは、どんなものか、だいたいわかっていただけると思います。

３Ｄ「立体図」は、小さなサイコロ「立方体」の集まりです。

・「図１」は、小さなサイコロ「立方体」の３Ｄ「立体図」です。

・「図２」は、大きなサイコロ「立方体」の３Ｄ「立体図」です。

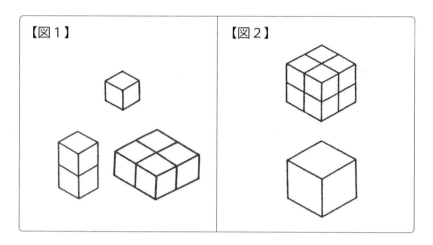

【練習用】

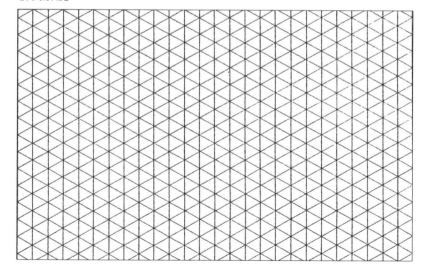

・「図３」は、角柱の３Ｄ「立体図」です。
・「図４」は、直方体の３Ｄ「立体図」です。

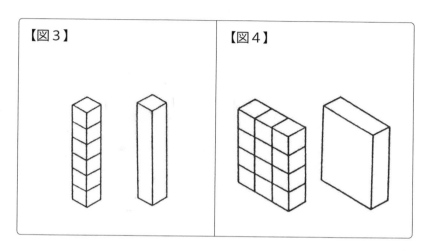

【練習用】

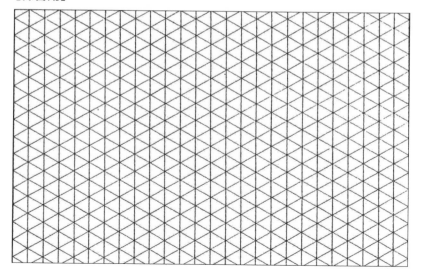

次の作図例は、立方体の３D「立体図」、直方体の３D「立体図」を
組み合わせた図形です。
・「図５」は、踏み台の３D「立体図」です。
・「図６」は、お風呂で使う椅子の３D「立体図」です。

【図５】　　　　　　　　　　　【図６】

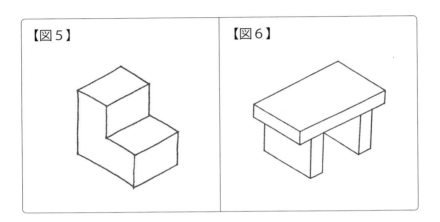

【練習用】

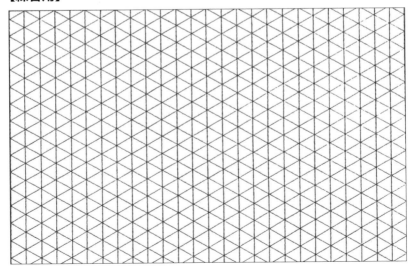

次の作図例は、フリーハンドで実物をスケッチしたものです。
・「図7」は、テーブルの3D「立体図」です。
・「図8」は、箱の3D「立体図」です。
・「図9」は、はしごの3D「立体図」です。

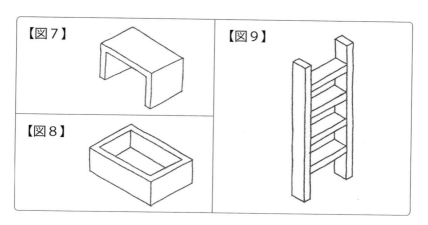

【練習用】

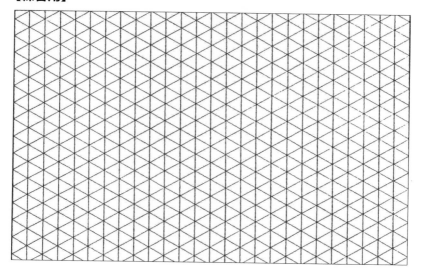

「立体三角グラフ用紙」を使えば、このように、３つの方向に印刷された線をなぞりながら、物品の形が描けます。だから、どんな形の物品でも描けるようになります。

　読者のみなさん！

　３Ｄ「立体図」の描き方の理屈を、考えないで、悩まないで、まず、「立体三角グラフ用紙」に、いろいろな物品の形を描いてください。

　おもしろくなるまで、使いこなしていただきたいのです。

● 製図の知識がなくても、３Ｄ「立体図」が描ける

　そうすると、次から次に、いろいろな物品の形の３Ｄ「立体図」が描けるので、夢中になるはずです。

● 自動車の構造（しくみ）がわからなくても、運転はできる

　これは、自動車の運転の練習と同じです。エンジンの構造（しくみ）がわからなくても、車輪がみえなくても、数十時間、練習するだけで、ハンドル操作も上手になります。

　「立体三角グラフ用紙」の、３方向の線を描くとき、一組の三角定規（30°-60°-90°）、（45°-45°-90°）を使うと便利です。

製図用具の詳しい使い方は、第５章で説明します。

◆ 一組の三角定規（30°−60°−90°）、（45°−45°−90°）

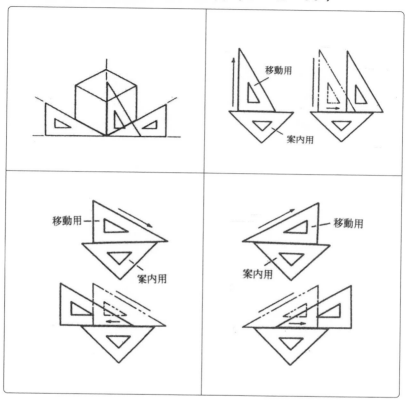

第３章

スケッチ感覚で、３Ｄ「立体図」を描いてみよう

1．フリーハンドのスケッチ

　「正面図、平面図、側面図」（正投影図）で、描かれている機械の部品図、組立図から、定規（三角定規、35°楕円定規、円定規など）を使わないで、フリーハンドのスケッチで、部品図の３D「立体図」や立体分解図、組立図の３D「立体図」を描くことがあります。
　たとえば、３D「立体図」を描くとき、各部品の分解順序にしたがって、レイアウト（部品図の配列）を決めます。
　部品の点数の多少にも関係しますが、作図用紙に直接作図したとき、用紙の中に描ききれないなどの、失敗がないようにするためです。
　フリーハンドでスケッチするときは、白紙を使うのが普通です。
　「立体三角グラフ用紙」を使えば、３方向の線が描かれているので、早く、ラクに、３D「立体図」が描けます。

2．フリーハンドで、立方体の３D「立体図」を描いてみよう

　立方体の３D「立体図」を描くとこは、３方向の線が印刷されているので、各方向の線の上に寸法をとり、立方体を描きます。
　でも、「立体三角グラフ用紙」を使えば、用紙に３方向の線が印刷されているので、簡単に立方体を描くことができます。

立方体の「正面図、平面図、側面図」と３D「立体図」の説明図

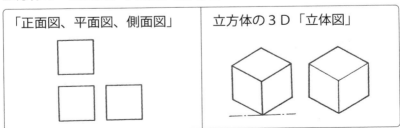

【練習用】

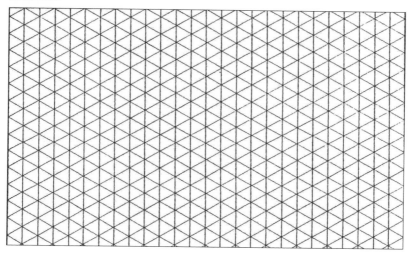

３．フリーハンドで、直方体の３Ｄ「立体図」を描いてみよう

　直方体の３Ｄ「立体図」の描き方は、立方体の描き方と同じです。
ただ、違うところは、３方向の寸法が同一でないということです。
　「立体三角グラフ用紙」を使えば、用紙に３方向の線が印刷されているので、簡単に直方体の３Ｄ「立体図」を描くことができます。

直方体の「正面図、平面図、側面図」と３Ｄ「立体図」の説明図

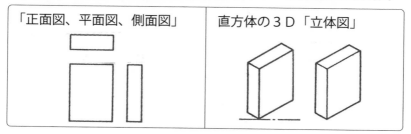

【練習用】

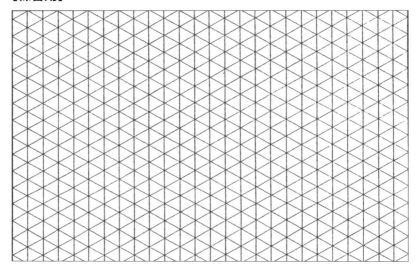

直方体の３D「立体図」の説明図

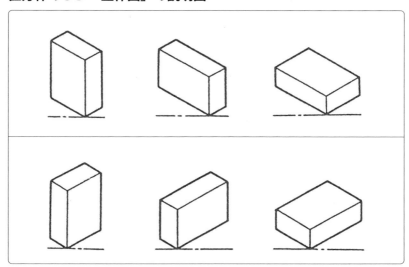

直方体の３D「立体図」は、どの向きに描いても大丈夫です。

4．フリーハンドで、35°楕円を描いてみよう

　正方形の板に描かれた円を3D「立体図」で描くと、正方形はひし形に、円は35°16′楕円になります。

　たとえば、時計の文字盤です。

正方形の板の「正面図、側面図」と3D「立体図」の説明図

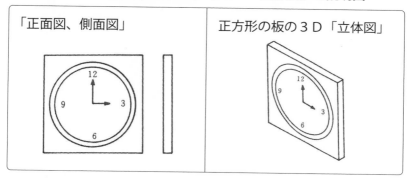

※楕円は、正式には、35°16′（35度16分）楕円になります。
　これを略して「35°楕円」といいます。

◆「35°楕円」と「ひし形」

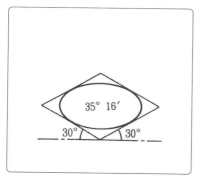

◆「35°楕円」と「立方体」の説明図

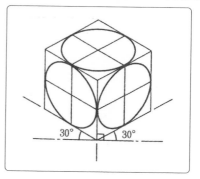

● 楕円を描いてみよう

【描き方・1】楕円の描き方

　35°楕円の描き方は、まず、ひし形①を描きます。ひし形①の辺の中点に印をつけ、斜線1、2を描きます。

　この交点の4点③をフリーハンドで描きます④。

【描き方・2】楕円の描き方

　もう1つの描き方は、「長軸：斜軸：短軸」を①「1：0.82：0.58」で、辺の途中に寸法（寸法はだいたいでいい）をとって、印をつけます。

　それを連ねてフリーハンドで描きます③、④。

※35°楕円の「長軸：斜軸：短軸」の比率が「1：0.82：0.58」です。

【描き方・1】楕円の描き方の説明図

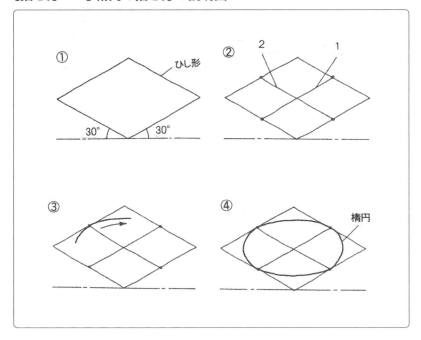

【描き方・2】楕円の描き方の説明図

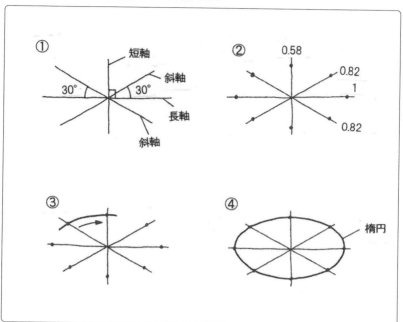

5. フリーハンドで、円柱の3D「立体図」を描いてみよう

　円柱を描くときは、立方体を描いて、35°楕円を描くときと同じように、作図すれば、円柱の3D「立体図」を描くことができます。

【描き方・1】円柱の3D「立体図」の描き方
　円柱を描く場合は、立方体を描いて、35°楕円を描くときと同じように、ひし形①を描きます。ひし形の中に印をつけ、斜線を描きます。
　この交点の4点をフリーハンドで描きます。

円柱の３Ｄ「立体図」の描き方の説明図

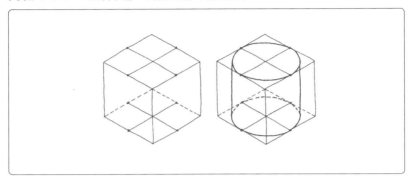

【描き方・2】円柱の３Ｄ「立体図」の描き方

　もう１つの描き方は、「長軸：斜軸：短軸」を①「１：0.82：0.58」で、辺の途中に寸法（寸法はだいたいでいい）をとって、印をつけます。

　それを連ねてフリーハンドで描きます。

※35°楕円の「長軸：斜軸：短軸」の比率が「１：0.82：0.58」です。

円柱の３Ｄ「立体図」の描き方の説明図

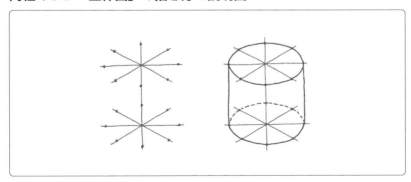

【練習用】

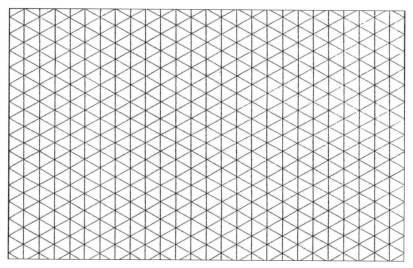

６．フリーハンドで、円と球の３Ｄ「立体図」を描いてみよう

● 円の描き方

　円を描くときは、直交する線、ヨコの線（水平線）１、タテの線（垂直線）２を描き、直交する点を中心Ｏとします①。

　中心Ｏから、線１、２の上に、円の半径、または、円の直径に相当する寸法をとって、印をつけます②。

　この交点の４点を、図に示すように、曲線で円を描きます③。

　これで、円を描くことができます④。

円の描き方の説明図

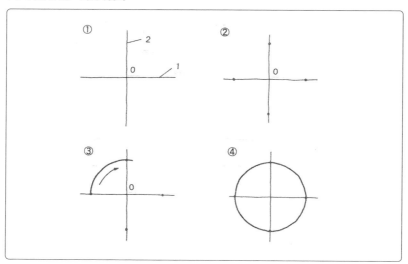

● **球の３Ｄ「立体図」の描き方**

　これで、円の描き方は、円の内部の一部に、立体感をあらわすための、ハイライト線を描くと、球になります。

　ハイライト線の間隔は、ａ＜ｂのように、ａよりｂの方の間隔を広くします。

球の３Ｄ「立体図」の描き方の説明図

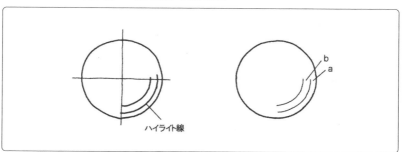

【練習用】

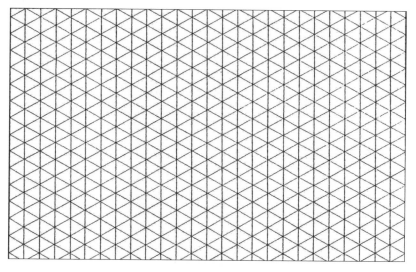

第4章

3D「立体図」を
描くときに
参考になる
製図の基礎知識

1. 正投影図の描き方

　図面の説明図は、立体的にあらわした「表彰台」です。

　左上方から見下ろして描いた３D「立体図」と後方の左下から見上げて描いた３D「立体図」です。

◆「表彰台」の３D「立体図」と「正面図・左側面図・右側面図・平面図」

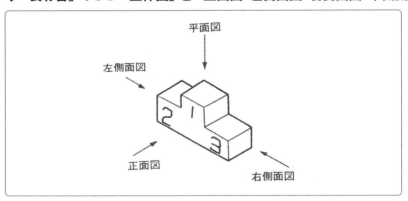

◆「表彰台」の３D「立体図」と「左側面図・底面図・背面図」

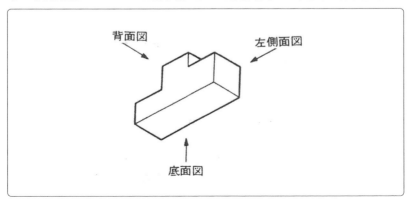

　〝正投影図（せいとうえいず）〟の意味が気になっているでしょう。

　ここで、〝正投影図〟の説明をしましょう。

　作図例は「表彰台」です。みなさんも、表彰台は、上段が好きでしょう。私は冗談（上段）が大好きです。

　この立体的にあらわした「表彰台」は、6つの方向から見た図を描くことができます。

　正面図………品物を真正面から見て描いた図です。

　左側面図……品物を左側の側面から見て描いた図です。

　右側面図……品物を右側の側面から見て描いた図です。

　平面図………品物を真上から見て描いた図です。

　底面図………品物を下側から見て描いた図です。

　背面図………品物を後側から見て描いた図です。

　以上のように、品物を前後、左右、上下の各方面から見て描いた図を製図法では〝正投影図〟といいます。

◆「正面図・左側面図・右側面図・平面図・底面図・背面図」

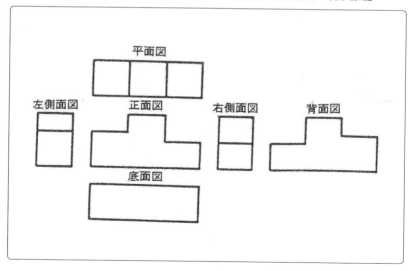

◆「正面図と背面図」、「左側面図と右側面図」、「平面図と底面図」

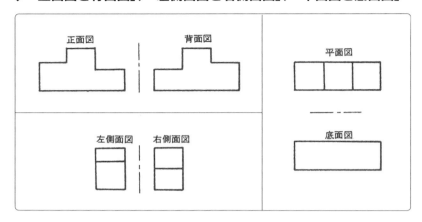

　「正面図と背面図」、「左側面図と右側面図」、「平面図と底面図」は、互いに反対（対称）の位置にあります。

　しかも、各々の方向から見た6つの図を1枚の用紙に描いて、まとめた1つの図面にするときは、それぞれの図を並べる順序があります。

　この並べ方によって、第三角法と第一角法の2つにわかれます。

　それでは、第三角法の描き方と第一角法の描き方について、説明しましょう。

　特許の出願の図面、機械の設計図、一般の説明図などは、第三角法で描くことになっています。

2．第三角法の描き方

　第三角法は、説明図のように、品物を矢印の方向からみて、投影面に投影図を描きます。

「平面図」は、「正面図」の上に描きます。

「左側面図」は、「正面図」の左側に描きます。

同様にして、

「右側面図」は、「正面図」の右側に描きます。

「底面図」は、「正面図」の下に描きます。

「背面図」は、「左側面図」の左側か、「右側面図」の右側に描きます。どちらに描いても大丈夫です。

　説明図では、右側に描いています。

　以上が「第三角法の描き方」です。

◆ 第三角法の描き方の説明図

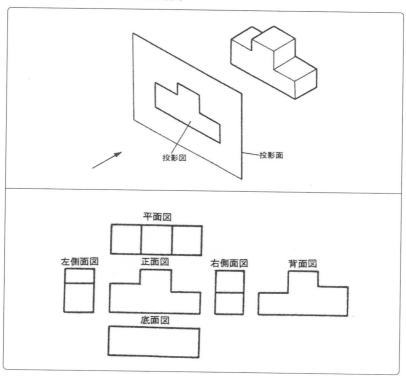

3．第一角法の描き方

　第一角法は、図のように、品物を矢印の方向から見て、投影面に投影図を描きます。

　「平面図」は、「正面図」の上に描きます。「左側面図」は、「正面図」の右側に描きます。同様にして、「右側面図」は、「正面図」の左側に描きます。「底面図は、「正面図」の上に描きます。

　このように、第三角法の第一角法では、図面を描く位置が反対になります。

◆ 第一角法の描き方の説明図

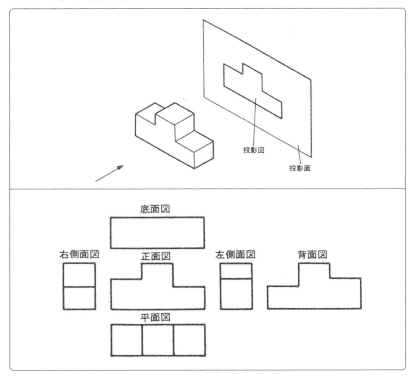

4．正面図の決め方

　「正面図」は、品物の形や機能を最も明瞭にあらわした面であることが大切です。

　したがって、特許の図面、意匠の図面を例にとっても、対象物の特徴が最も明りょうにあらわれた面を「正面図」として描けばいいのか、悩むことがあります。そのときには、表面積が一番広い面を「正面図」として描けばいいでしょう。

　練習問題は、「椅子」と「取っ手がついたコップ」です。

【練習問題（1）】・椅子　　　　　　　　　　　　　答 ②

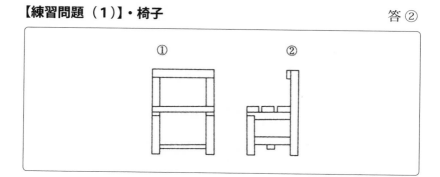

【練習問題（2）】・取っ手がついたコップ　　　　答 ①

5．実線と破線

　３Ｄ「立体図」を描くときにも、基本になる線は、「実線」です。これは、連続した線です。

　実線は、一般の製図では、物品の見える部分の形をあらわす線として使います。

　３Ｄ「立体図」を描くときも、実線を同じように使います。

　図面を描くとき、実線とともに重要な線が「破線（はせん）」です。

　これは、短い線をわずかな間隔をあけて並べた線のことです。

　破線は、「かくれ線」ともいいます。直接には見えない、品物の裏面などの形をあらわす線のことです。

　なお、３Ｄ「立体図」を描くときも、図面をできるだけ、わかりやすくするために、線を描かなくても、物品の形が理解できるときは、破線はできるだけ省略したほうがいいです。

◆ 実線と破線

◆ 作図例・実線

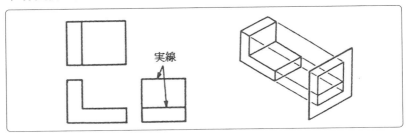

◆ **作図例・実線と破線**

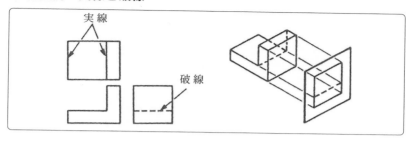

6. 作図線と図形線

　3D「立体図」を描くときには、いきなり、目的の図面を描きはじめるのは少ないです。そのまえに、軽いタッチで、薄く細い線を試しに描いてみることが多いです。

　そして、描き方に間違いがないか、チェックをします。

　そのあとで、必要な線を、濃く、太く描いて図面を完成させます。この線のことを「図形線」といいます。

　作図線は、濃く、太く描きすぎると、図形線と混同するので、作図線と図形線がはっきり区別できるように描きましょう。

◆ **作図例・実線と破線**

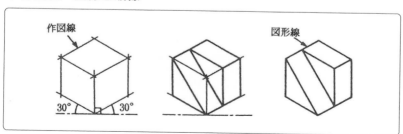

7．断面図の描き方

　物品の見えない部分の形をあらわすときは「かくれ線（破線）」を使います。ところが、かくれ線が多くなると、品物の形がわかりにくくなります。

　そのため、かくれ線（破線）を使わないでも、物品の見えない部分を仮に切断して断面であらわします。

　断面にすると、描くのがめんどうな「かくれ線（破線）」でなく「実線」で描けるので便利です。

・「断面図の描き方」の説明図

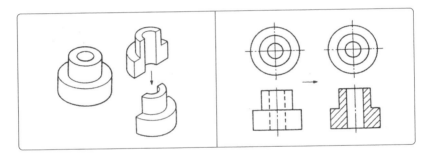

【作図例・１】「雪見だいふく」の作品

　昭和54年の夏は、冷夏でした。

　そのために、冷菓やクーラーなどを扱っているメーカーは、大変な痛手を被ったのです。

　ロッテは、アイスクリームをつくっていて、売れなくて惨敗しました。

　そのとき、冬でも、食べられるアイスクリームをつくりたい。……ということで、考えだしたのが、大福餅の中に、アイスクリームを入れた冷菓です。

　ヒントは、冬、こたつで大福餅を食べています。その、大福餅の餡（あ

ん）をだして、かわりに、アイスクリームを入れたら、冬でも食べられる。……、そう思ったのです。

　これに、「雪見だいふく」という名前「ネーミング」をつけて売りだすと、年商約70億円のヒット商品になったのです。

　特許の出願は昭和56年です。発明の名称は「被覆冷菓とその方法」です。

・「雪見だいふく」の説明図

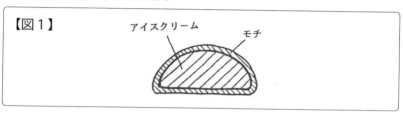

【作図例・2】「盃」の作品

　小料理屋のご主人が考えた「盃」の作品です。

　盃の底の中央に、小さな孔をあけたものです。

　お客さんは、この小さな孔を下から、人さし指でふさいで、お酒をついでいただくのです。

　ついでいただいた人は、これを飲みほさないと、テーブルの上に置くことができません。そうすると、お酒もたくさん売れて、お店の売り上げものびるというわけです。

・「盃」の説明図

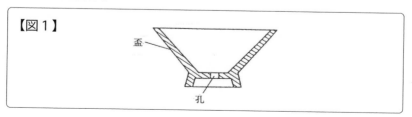

【作図例・3】「水筒」の作品

　カップル向けの作品は多いです。

　たとえば、ストローの先が２つにわかれていて、男女が両方から飲めるものなど、……。

　また、水筒なども、内部を二室にして、一方には水を入れ、もう一方にはジュースを入れる。……、なんていった作品もあります。

　実用面では、容器内を２つに区切って、一方に塩を入れ、他方に化学調味料を入れるのです。

　ところが、容器の中を二室にする、ということは、製造上、なかなかむずかしいです。したがって、出願のわりに、製品化はむずかしいようです。

・「水筒」の説明図

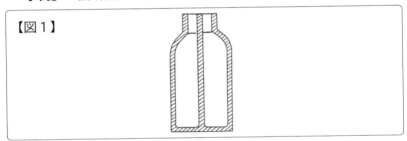

【図１】

【作図例・4】「石けん箱」の作品

　風呂場ではちょっと気をつけてみると、不便なことがたくさんあります。

　石けん箱についても、そうです。使ったあと、箱の中で、石けんが水浸しになり、ヌルヌルしていやなものです。

　そこで、容器の底をあけるのも、問題を解決する１つの方法です。

　底に凹凸をたくさんつけて、その上に、石けんを置くのも、１つの方法です。しかし、試作品を使ってみると欠点があります。

　そこで、考えたのは、に凸部を設けることです。すると、石けんの一方を押せば、一方が上がって取りだしやすくなります。

・「石けん箱」の説明図

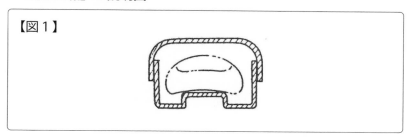

【図1】

【作図例・5】「消しゴムをつけた鉛筆」の作品

・「消しゴムをつけた鉛筆」の説明図

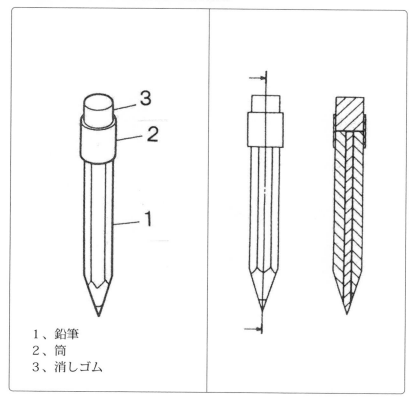

1、鉛筆
2、筒
3、消しゴム

（1）全断面図の描き方

　断面には、原則として、基本の中心線で切断した面であらわします。

　このときには、切断線は記入しません。説明図は、ものの、基本の中心線で全部を切断して示した「全断面図」です。

・「全断面図の描き方」の説明図

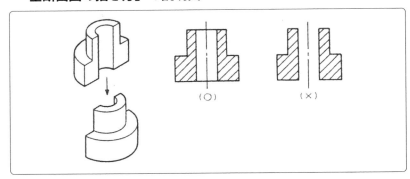

（2）半断面図の描き方

　上下、または、左右対称なものでは、外形と断面の形状を同時にあらわすことができます。

・「半断面図の描き方」の説明図

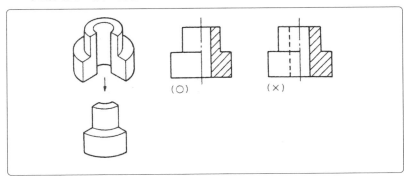

8. ３Ｄ「立体図」の断面図の描き方

　３Ｄ「立体図」の断面図「全断面図・半断面図」のハッチング（平行な斜線）は、正投影図のときと少し異なります。正投影図のハッチングは、水平線に対して45°の斜線で描きますが、３Ｄ「立体図」のときは、60°の斜線で描きます。

　すなわち、切断面を回転したとき、切断面が重なるように描きます。

（１）立方体の断面図「全断面図・半断面図」の描き方

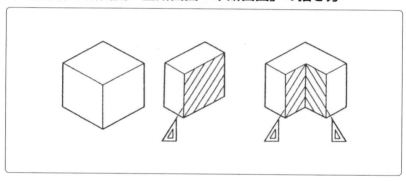

（２）円柱の断面図「全断面図・半断面図」の描き方

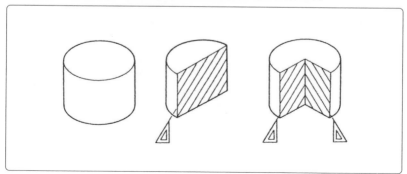

（1）円すいの断面図「全断面図・半断面図」の描き方

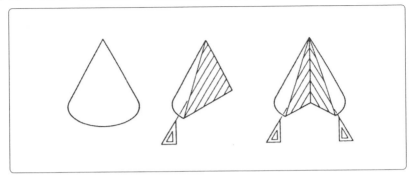

（2）球の断面図「全断面図・半断面図」の描き方

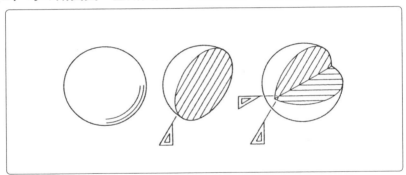

【メモ】

第5章

この本で
３Ｄ「立体図」を
描くときに
必要になる
簡単な製図用具

1. 簡単な「製図用具」を準備しよう

　本書を手にとり、ページを開くと、すぐに、３Ｄ「立体図」を描きたくなるでしょう。

　それでは、机の引き出しの中を見てください。

　シャープペンシル（鉛筆）、消しゴム、三角定規、ものさしなど、一般的な筆記具、文房具が入っているでしょう。

　本書で使う製図用具は、シャープペンシル（鉛筆）、消しゴムなどです。

　定規は、一組の三角定規、35°楕円（35°16′楕円）定規「通称：35°楕円定規」、円定規（または、コンパス）」などです。

　この簡単な製図定規で「線を引く」、「35°楕円を描く」、「円を描く」といった基本的なことを練習するだけで、いろいろな物品の形の３Ｄ「立体図」が描けるようになります。

　最初は、基本的な立方体、直方体を描いてみましょう。

　では、一組の三角定規の使い方から話をすすめます。

　35°楕円定規、円定規の使い方は、あとで説明します。

2. シャープペンシル

　シャープペンシルの芯の「……２Ｈ、Ｈ」は硬質、「Ｆ、ＨＢ」は中硬質、「Ｂ、２Ｂ……」は軟質など、線引き用、文字用に使いわけしています。

　本書では、みなさんがいつも使っている「ＨＢ」を使えばいいでしょう。参考に、Ｈは Hard（ハード：かたい）、Ｆは Firm（ファーム：しっかりした）、Ｂは Black（ブラック：黒い）の意味です。

◆ シャープペンシル

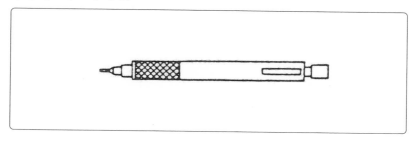

3. 一組の「三角定規」を準備しよう

　３Ｄ「立体図」を描くときに、一番活躍するのが「三角定規」です。
　読者の多くの人が、三角定規ならもっている……といわれると思います。
「三角定規」は、小・中学生が使っている程度のもので十分です。
　「30°− 60°− 90°」がついた三角定規と「45°− 45°− 90°」がつい
た三角定規の２枚が一組になっています。
　三角定規で、３Ｄ「立体図」を描くとき、基準になる、３つの方向の
線、「90°タテの線（垂直線）」、「30°左上がり斜線」、「30°右上がり斜線」
が描けます。
　この３つの方向の線で、物品の「幅、奥行き、高さ」をあらわします。
「幅、奥行き」をあらわした図面が「二次元・２Ｄ」です。
「幅、奥行き、高さ」をあらわした図面が「三次元・３Ｄ」です。
　３つの線上に「幅、奥行き、高さ」の寸法をとって、立方体、直方体
などの基本形の立体図を描きます。
　三角定規で、３Ｄ「立体図」を描くとき、基準になる、「90°タテの線（垂
直線）」、「30°左上がり斜線」、「30°右上がり斜線」が描けます。
　この線を「三角定規」で描いてみましょう。

◆ 一組の三角定規と立方体・直方体の３Ｄ「立体図」

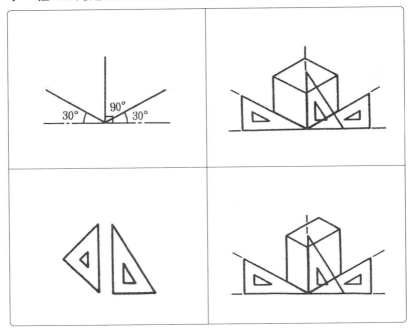

4. 一組の三角定規で、「３つの方向の線」を描いてみよう

　説明図は、「３つの方向の線」を描き方で、立方体、直方体を描くときの一組の三角定規の使い方です。

　説明図は、一組の三角定規で、「90°タテの線（垂直線）」、「30°左上がり斜線」、「30°右上がり斜線」の描き方です。３つの線上に「幅、奥行き、高さ」の寸法をとって、立方体、直方体などの基本形の立体図を描きます。

◆「90°タテの線（垂直線）」を描くときの三角定規の使い方

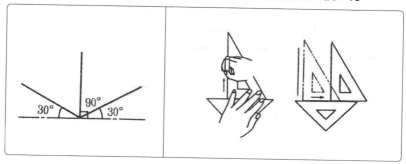

◆「30°左上がり斜線」を描くときの三角定規の使い方

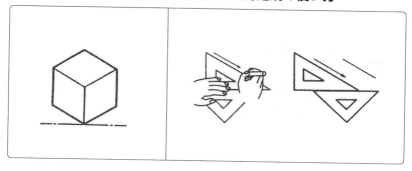

◆「30°右上がり斜線」を描くときの三角定規の使い方

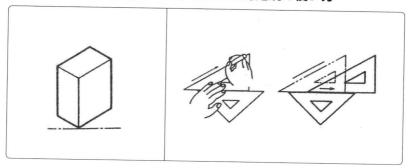

5.三角定規で、立方体の３Ｄ「立体図」を描いてみよう

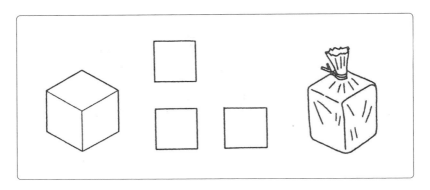

◆ 立方体の３Ｄ「立体図」の描き方と三角定規の使い方の説明図

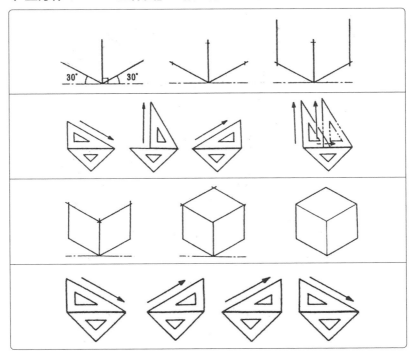

　三角定規で、立方体の３Ｄ「立体図」を描くとき、基準になる、３つの方向の線を描きます。

　その３つの方向の線の上に、寸法をとります。

　説明図のように、三角定規を動かして、３つの方向の線を描いて、立方体の３Ｄ「立体図」を完成させます。

◆ 立方体の３Ｄ「立体図」の描き方の説明図

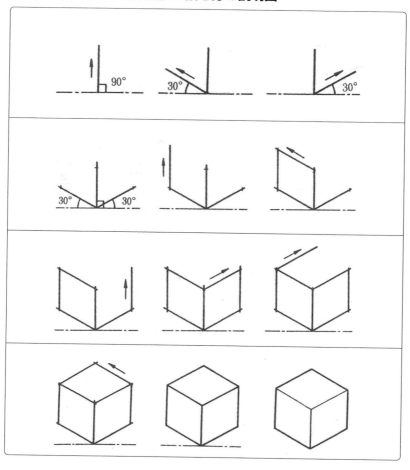

6. 三角定規で、四角柱の３Ｄ「立体図」を描いてみよう

◆ 四角柱の３Ｄ「立体図」

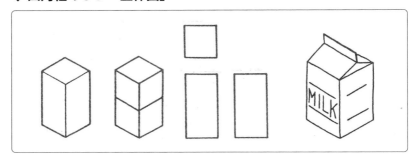

◆ 四角柱の３Ｄ「立体図」の描き方の説明図

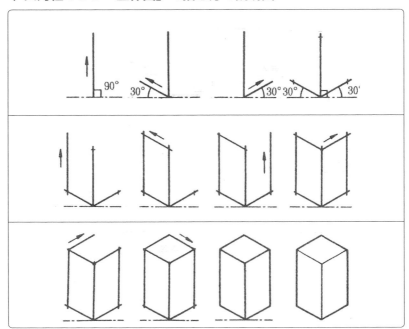

７. 三角定規で、直方体の３D「立体図」を描いてみよう

◆ 直方体の３D「立体図」の描き方

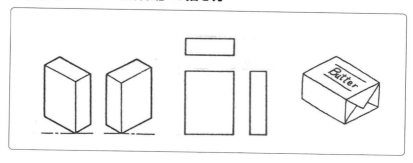

◆ 直方体の３D「立体図」の描き方の説明図

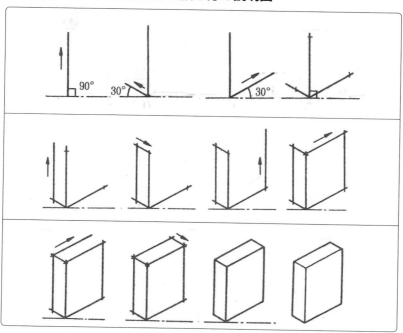

直方体の３Ｄ「立体図」の描き方は、立方体の描き方と全く同じです。

　また、直方体は、どの向きに描いても大丈夫です。

　ただ、違うのは、直方体は、各線の寸法が立方体のように同一の寸法でない、ということです。

8. 三角定規で「直交線（中心線）」を描いてみよう

　三角定規を説明図のように使うと、水平線と垂直線の「直交線（中心線）」を描くことができます。

◆ 「直交線（中心線）」の描き方の説明図（１）

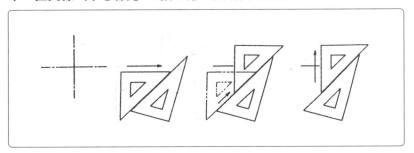

◆ 「直交線（中心線）」の描き方の説明図（２）

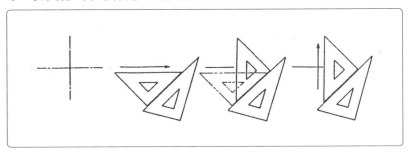

9．35°楕円定規（35°楕円テンプレート）を準備しよう

【35°楕円定規（35°楕円テンプレート）】

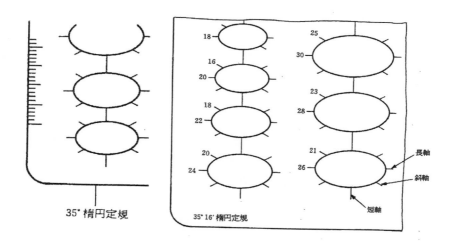

35°楕円（だえん）定規は、「円柱、円すいの立体図」を描くときに必要な定規です。正確には、35°16′（35度16分）楕円定規といいます。35°楕円定規（35°楕円テンプレート）は、よく使う定規です。

　35°楕円定規には「長軸・斜軸」の寸法が印刷されています。

　初心者の場合は、3mm～54mmくらいまでの大きさの35°楕円定規を準備すればいいでしょう。

　1枚のものが売っています。まず、これを1枚準備してください。製図用具店、大きな文房具店で販売しています。

　買えないときは、インターネットで購入してください。

10. 三角定規と 35°楕円定規で、
円柱の３D「立体図」を描いてみよう

◆ 円柱の３D「立体図」の描き方

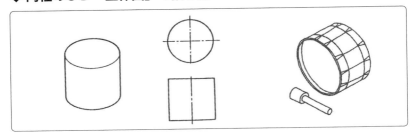

◆ 円柱の３D「立体図」の描き方の説明図

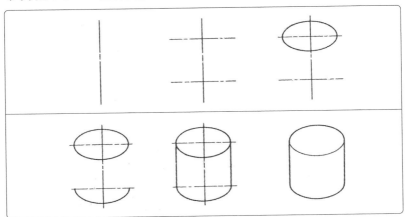

● タテ（垂直）方向に円柱を描いてみよう

　円柱を描くとき、三角定規と 35°楕円定規を使います。

　タテ（垂直）方向の線に、35°楕円定規の短軸を合わせて、35°楕円を描いきます。

　35°楕円定規の短軸をタテ（垂直）線に合わせたまま、35°楕円定規を下にズラして35°楕円を描きます。
　タテ（垂直）方向の線を説明図のように２本描くと、タテ（垂直）方向に円柱が描けます。

◆ 円柱の３Ｄ「立体図」と 35°楕円定規の使い方の説明図（1）

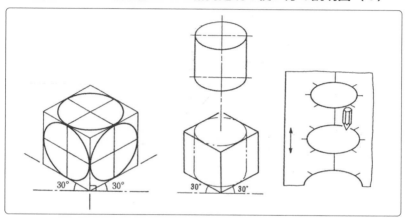

◆ 円柱の３Ｄ「立体図」と 35°楕円定規の使い方の説明図（2）

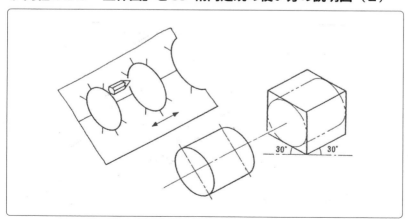

◆ 円柱の３D「立体図」と 35°楕円定規の使い方の説明図（3）

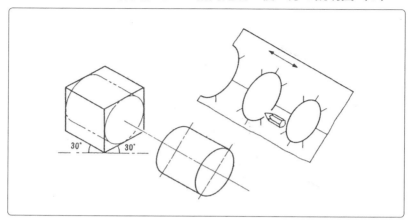

◆ 三角定規と 35°楕円定規の使い方の説明図（1）

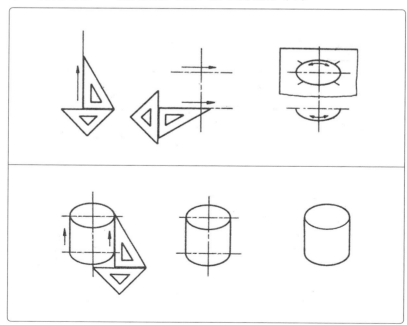

◆ 三角定規と 35°楕円定規の使い方の説明図（2）

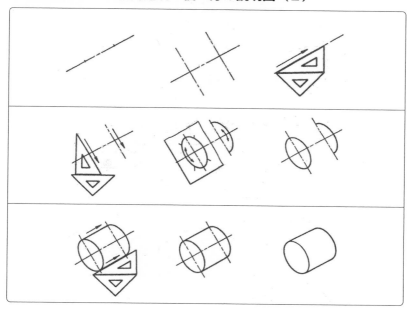

◆ 35°楕円の向き（描き方）の説明図

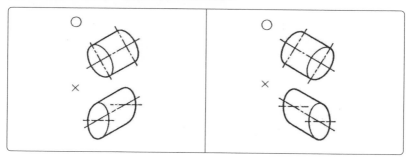

　円柱の3D「立体図」を描くとき、注意していただきたいところの説明図です。35°楕円定規の使い方です。

　35°楕円の短軸方向を斜め方向（中心軸）に合わせて描いてください。

11. 三角定規と 35°楕円定規で、
円すいの３D「立体図」を描いてみよう

◆ 円すいの３D「立体図」の描き方

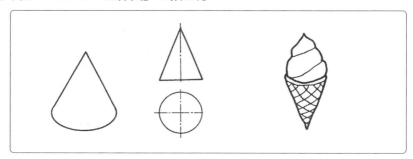

◆ 三角定規と 35°楕円定規の使い方の説明図

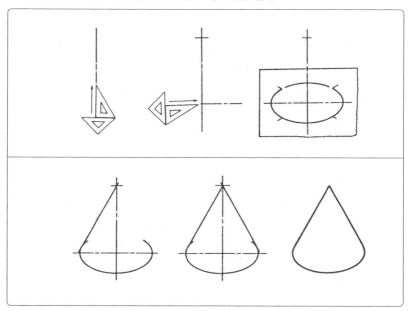

◆ 円すいを描くとき、35°楕円と頂点の結び方

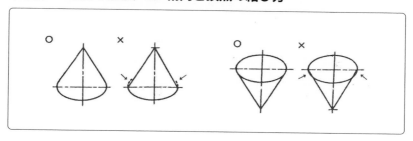

円すいの３Ｄ「立体図」を描くとき、注意していただきたいところの説明図です。35°楕円と頂点は、接線で結びます。35°楕円の長軸と頂点を結んではいけません。

● 【作図練習】

◆ 「円すいの描き方」の練習をしよう・練習（1）

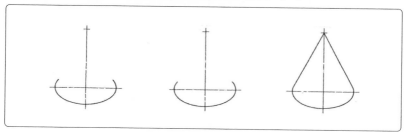

◆ 「円すいの描き方」の練習をしよう・練習（2）

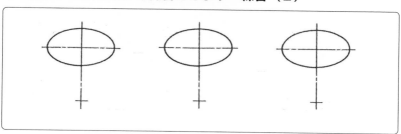

12.「円定規（円テンプレート）」を準備しよう

　円定規(円テンプレート)は、いろいろな大きさの円(球の３D「立体図」)
が描ける必要な定規です。円定規（円テンプレート）は、説明図に示す
ように、１枚で数種類の大きさの円が
描けるようになっており、円の直径
の寸法が印刷されています。

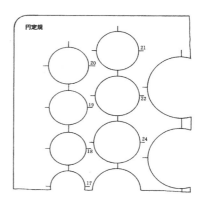

　初心者の人は、40㎜くらいまでの大
きさの円が描ければ大丈夫でしょう。
　まず、これを１枚準備してください。
　製図用具店、大きな文房具店、ある
いはインターネットで購入できます。

●「三角定規＋円定規（円プレート）」を使ってみよう

【練習問題・１】
（１）三角定規で、円周上の角度を８等分に分割してください。
（２）与えられた円に内接する正方形を三角定規で描いてください。
（３）与えられた円に外接する正方形を三角定規で描いてください。

　解答図を描く前に、三角定規の使い方を確認しましょう。

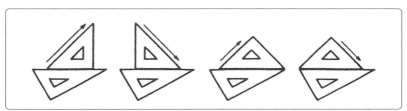

◆（1）の問題の「8等分」の解答の説明図

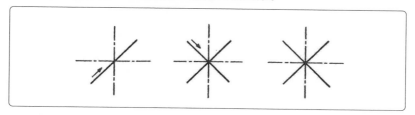

◆（2）の問題の「円に内接する正方形」の解答の説明図

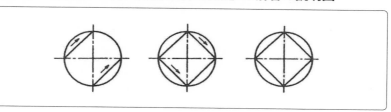

◆（3）の問題の「円に外接する正方形」の解答の説明図

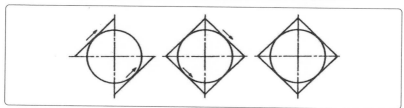

●【作図練習】

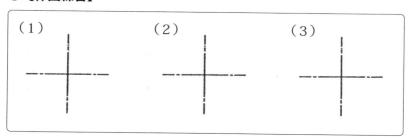

【練習問題・2】

（1）三角定規で、円に内接する六角形を描いてください。

（2）三角定規で、円に外接する六角形を描いてください。

解答図を描く前に、三角定規の使い方を確認しましょう。

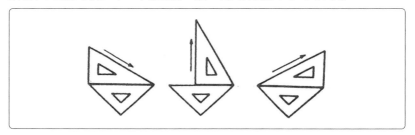

◆（1）の問題の「円に内接する六角形」の解答の説明図

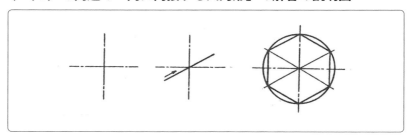

◆（2）の問題の「円に外接する六角形」の解答の説明図

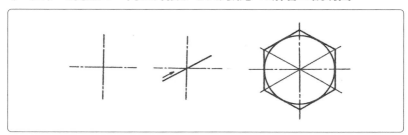

13.「三角定規＋35°楕円定規＋円定規（円プレート）」で、球の３Ｄ「立体図」を描いてみよう

◆ 球の３Ｄ「立体図」の描き方

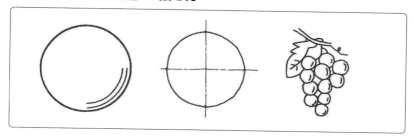

◆ 35°楕円定規の使い方の説明図

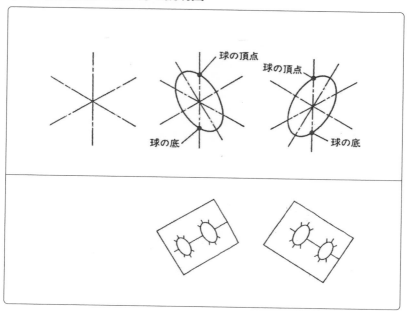

◆ 35°楕円定規・円定規の使い方の説明図

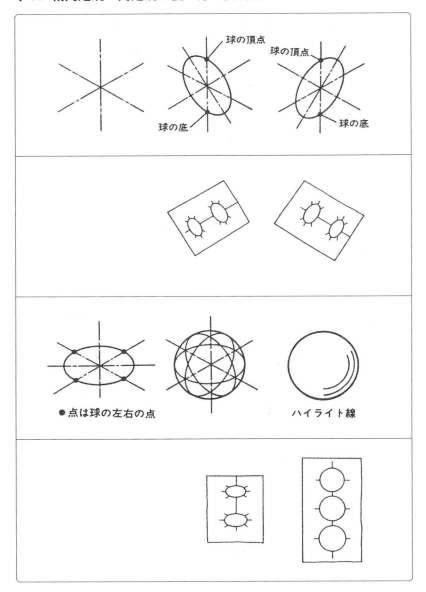

球の頂点

球の頂点

球の底

球の底

●点は球の左右の点

ハイライト線

　　球の形状をした、野球のボール、サッカーのボール、テニスのボールなどは、どこからみてもまるくみえます。

　　このように、球はどこからみても、外形がまるくみえるので、円を描くだけです。

　　あとは、立体感を、あらわすためのハイライト線を描けば完成です。球を描くとき、気をつけていただきたいことは、球の左右の点、頂点、底の点はどこか、ということです。

　　この点の位置については、説明図のように、球の補助楕円を描くと理解できます。リンゴを半分にカットしてみてください。すぐにわかります。

　　球の頂点、底、左右の点のつくり方、および、35°楕円定規・円定規の使い方は、説明図のとおりです。

●【作図練習】

◆ 球の「ハイライト線」を描いてみよう

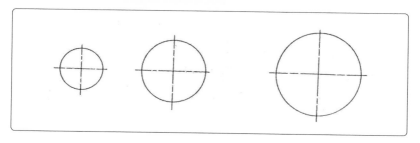

【メモ】

第6章

いろいろな
物品の形の
３Ｄ「立体図」が
手作りで描ける

　この章で、図面の中に製図の補助記号「Φ、Ｒ、ＳΦ、ＳＲ」を使っています。その意味の説明です。

　Φ「まる」と読み、円の直径の補助記号です。

　Ｒ「アール」と読み、円の半径の補助記号です。

　ＳΦ「エス・まる」と読み、球の直径の補助記号です。

　ＳＲ「エス・アール」と読み、球の半径の補助記号です。

　本書で説明している各説明図に、寸法を記入していません。だから、作図の練習をするときは、読者のみなさんが描きやすい大きさにしてください。

　たとえば、１目盛りを５mm、10mmを目安にしてください。

1. 立方体「Cube」の描き方

（1）作図練習 ① ・立方体（小さなサイコロの集合）

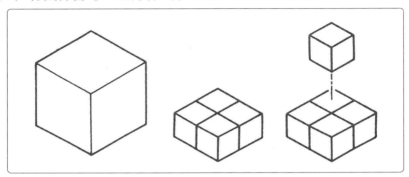

◆ 立方体の描き方の説明図

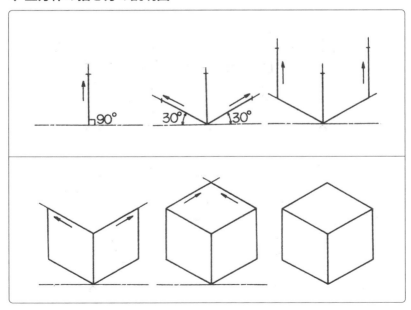

（2）作図練習②・直方体

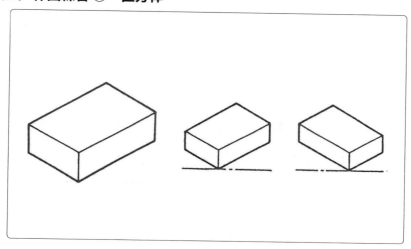

◆ 直方体の描き方の説明図

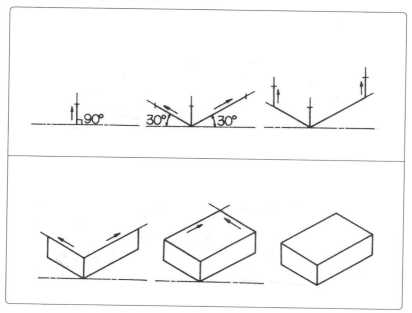

（3）作図練習 ③・凸部がある図形

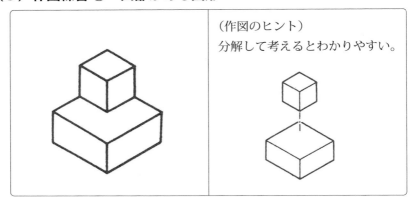

（作図のヒント）
分解して考えるとわかりやすい。

◆ 凸部がある図形の描き方の説明図

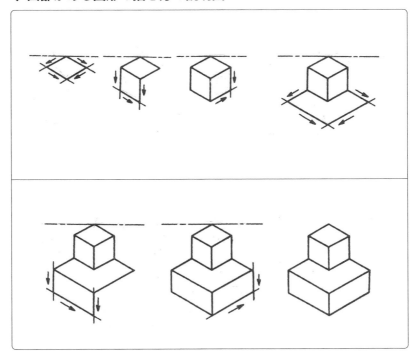

（4）作図練習 ④・凹部がある図形

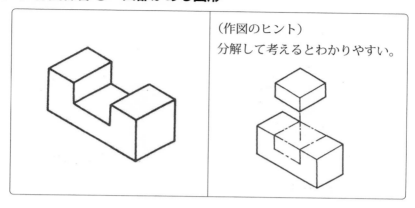

（作図のヒント）
分解して考えるとわかりやすい。

◆ 凹部がある図形の描き方の説明図

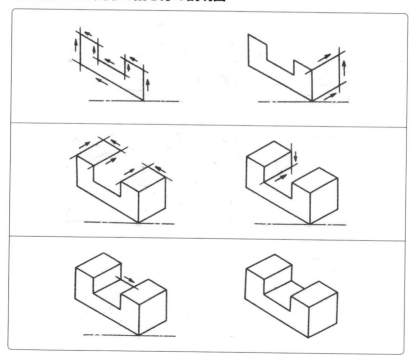

（5）作図練習 ⑤・穴がある図形

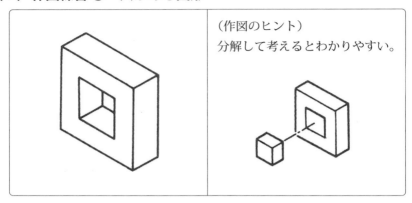

（作図のヒント）
分解して考えるとわかりやすい。

◆ 穴がある図形の描き方の説明図

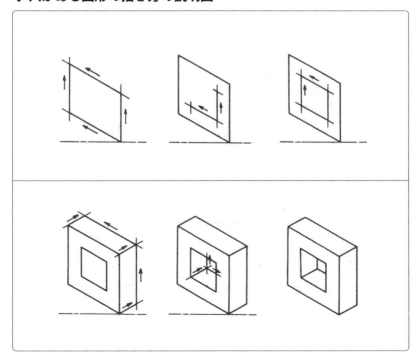

（6）作図練習⑥・V字の凹部がある図形

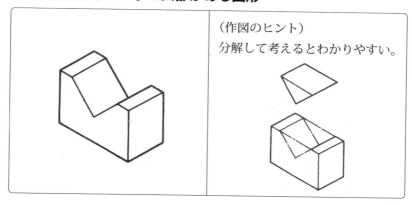

（作図のヒント）
分解して考えるとわかりやすい。

◆ V字の凹部がある図形の描き方の説明図

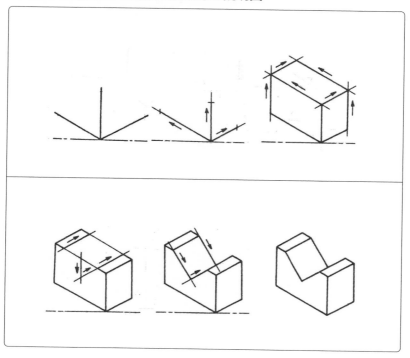

（7） 作図練習 ⑦・斜面部がある図形

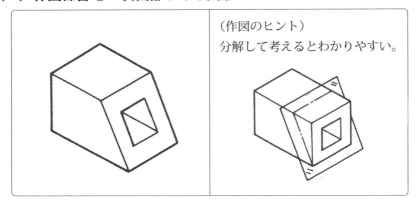

（作図のヒント）
分解して考えるとわかりやすい。

◆ 斜面部がある図形の描き方の説明図

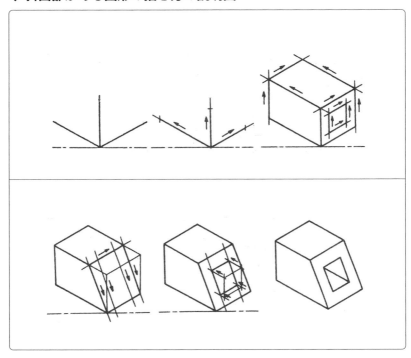

100

（8）練習問題 ① 表彰台

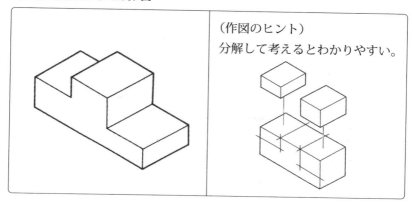

（作図のヒント）
分解して考えるとわかりやすい。

【練習用】

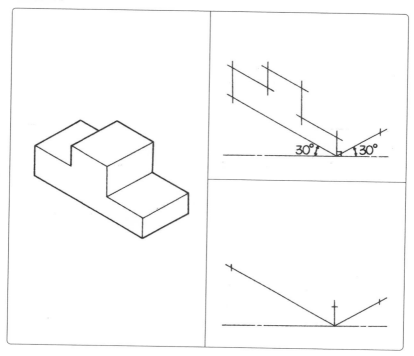

（9）練習問題 ②

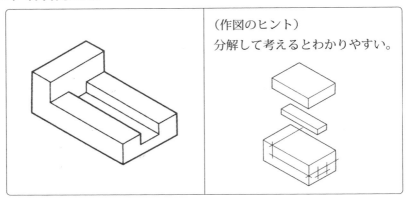

（作図のヒント）
分解して考えるとわかりやすい。

【練習用】

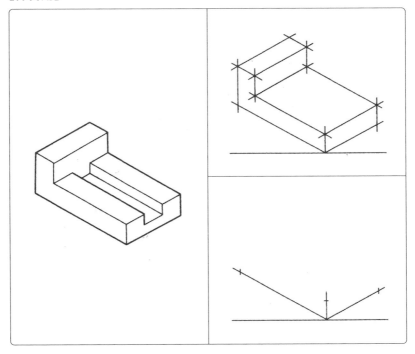

(10) 練習問題 ③

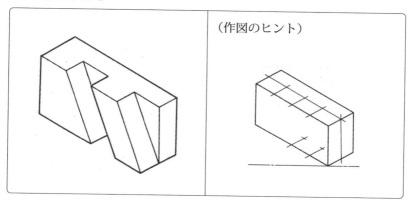

（作図のヒント）

【練習用】

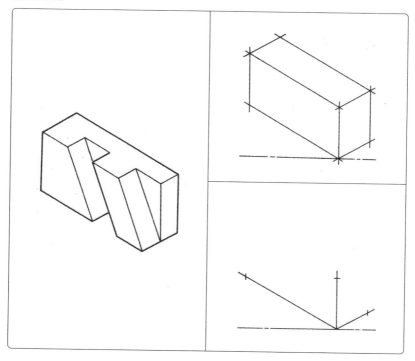

(11) 練習問題 ④

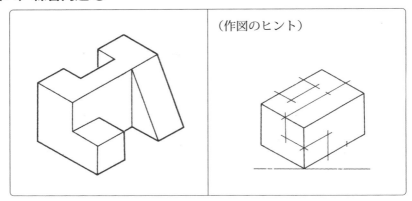

（作図のヒント）

【練習用】

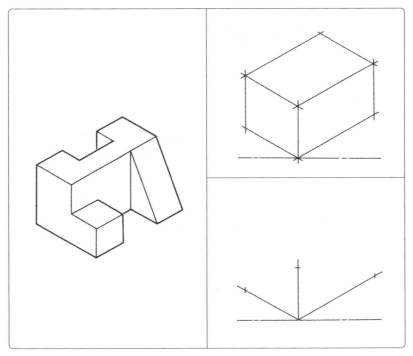

２．円柱「Cylinder」の描き方

（1）作図練習 ① ・円柱

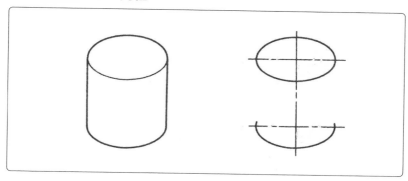

◆ 円柱の描き方の説明図

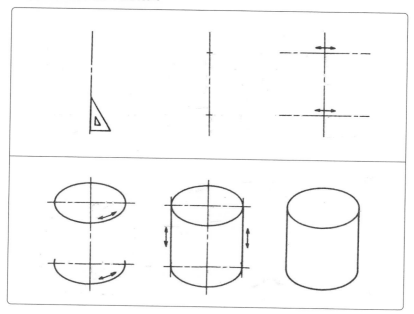

（2）作図練習 ② ・ 円盤を 2 つに分割する

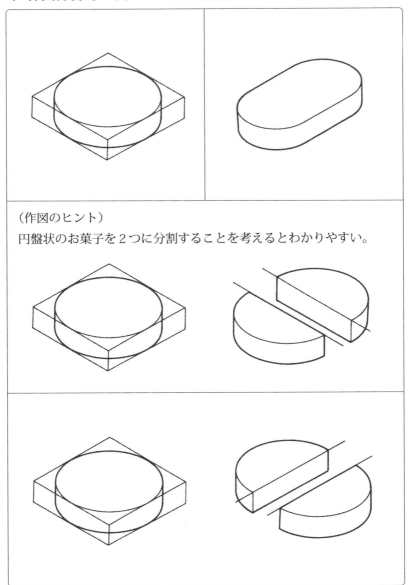

（作図のヒント）
円盤状のお菓子を 2 つに分割することを考えるとわかりやすい。

◆ 円盤を2つに分割した描き方の説明図

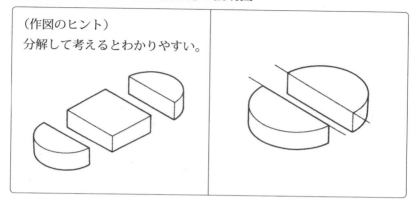

（作図のヒント）
分解して考えるとわかりやすい。

【練習用】

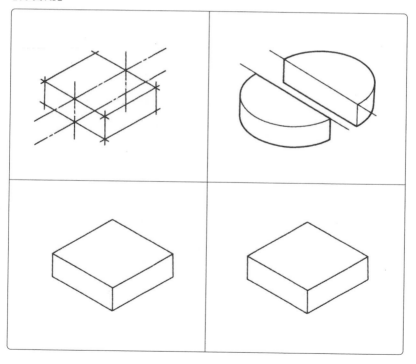

（3）　作図練習 ③・円盤を 4 つに分割する

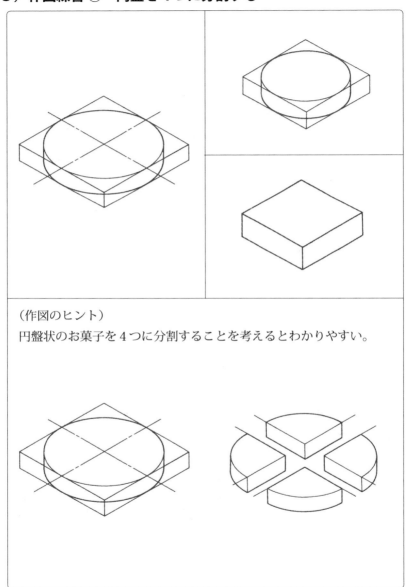

（作図のヒント）

円盤状のお菓子を 4 つに分割することを考えるとわかりやすい。

◆ 円盤を4つに分割した描き方の説明図

（作図のヒント）
分解して考えるとわかりやすい。

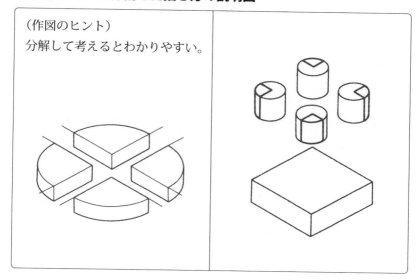

【練習用】

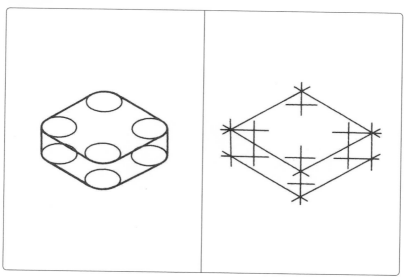

（4）作図練習 ④

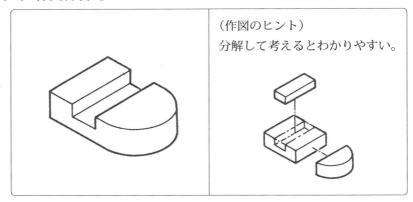

（作図のヒント）
分解して考えるとわかりやすい。

◆ 描き方の説明図

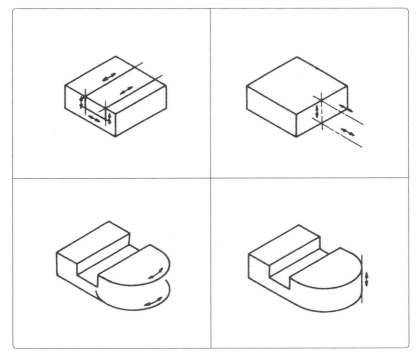

（5）作図練習 ⑤・円柱の胴体に小さな円柱を描く

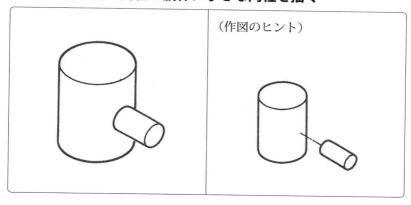

（作図のヒント）

◆ 円柱の胴体に小さな円柱の描き方の説明図

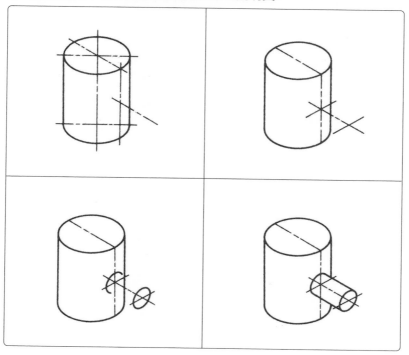

（6）作図練習 ⑥・円柱の胴体に小さな穴を描く

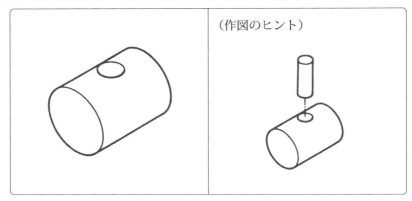

（作図のヒント）

◆ 円柱の胴体に小さな穴の描き方の説明図

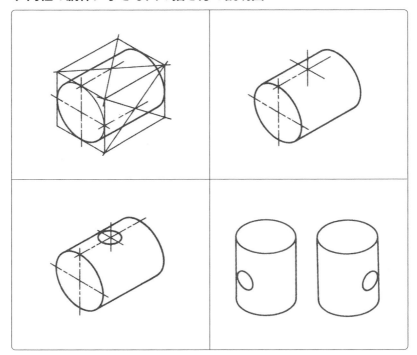

（7）作図練習 ⑦

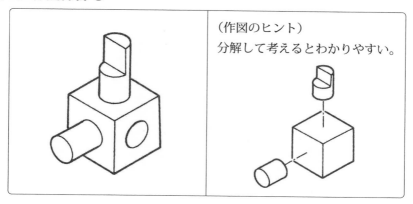

（作図のヒント）

分解して考えるとわかりやすい。

◆ 描き方の説明図

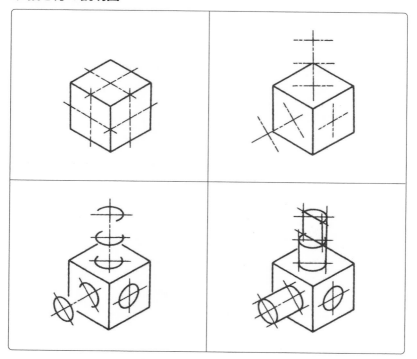

（8）作図練習 ⑧

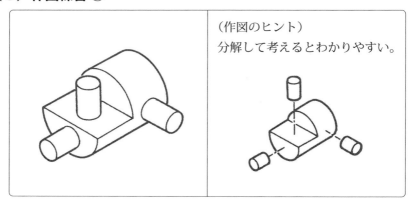

（作図のヒント）
分解して考えるとわかりやすい。

◆ 描き方の説明図

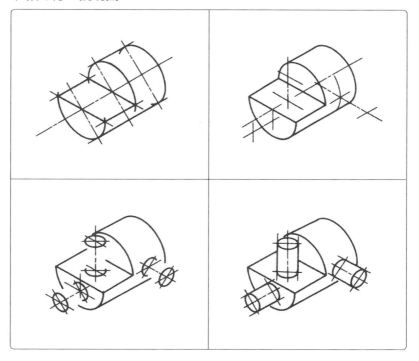

（9）練習問題 ①

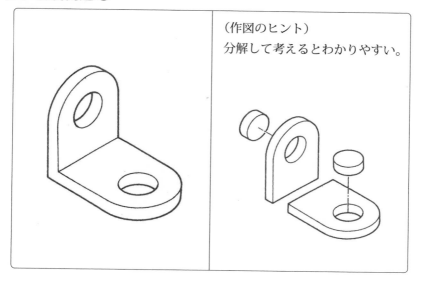

（作図のヒント）

分解して考えるとわかりやすい。

【練習用】

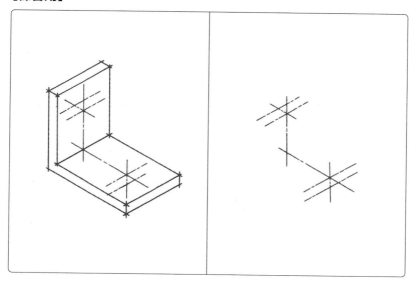

（10）練習問題 ②

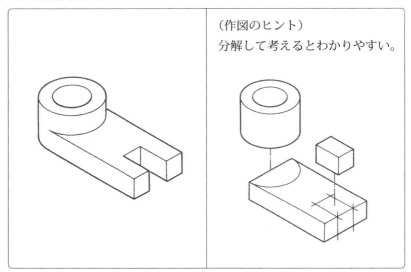

（作図のヒント）

分解して考えるとわかりやすい。

【練習用】

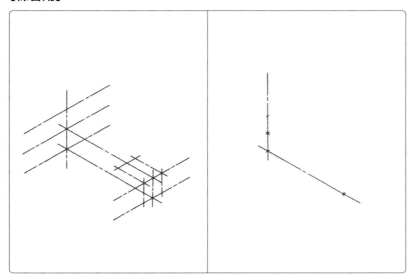

（11）練習問題③

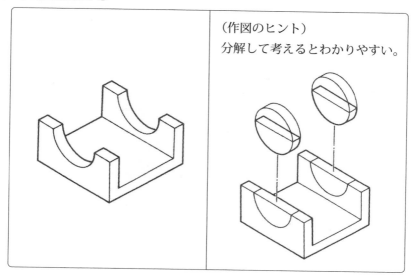

（作図のヒント）
分解して考えるとわかりやすい。

【練習用】

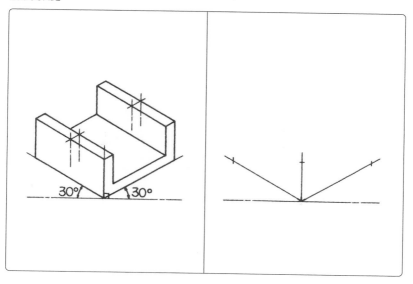

（12）練習問題 ④

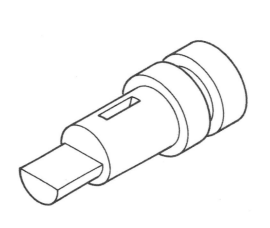

（作図のヒント）

分解して考えるとわかりやすい。

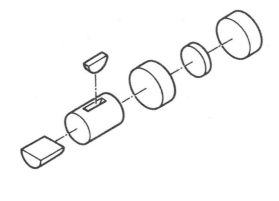

【練習用】

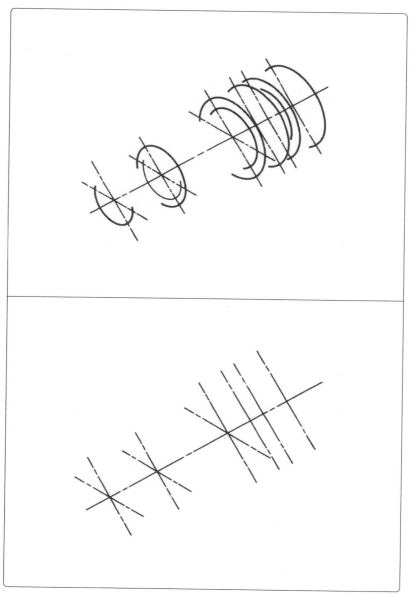

（13）練習問題 ⑤

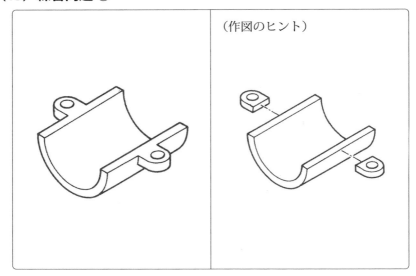

（作図のヒント）

【練習用】

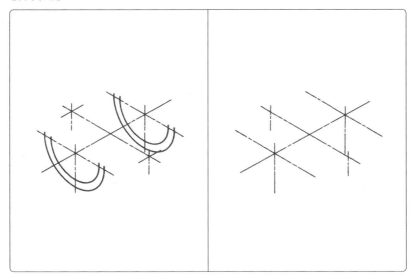

（14）練習問題 ⑥

（作図のヒント）

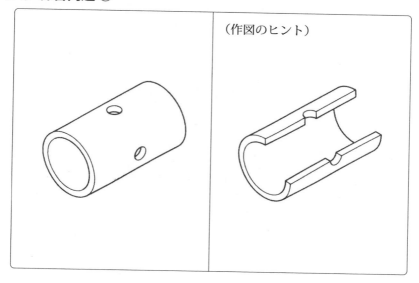

【練習用】

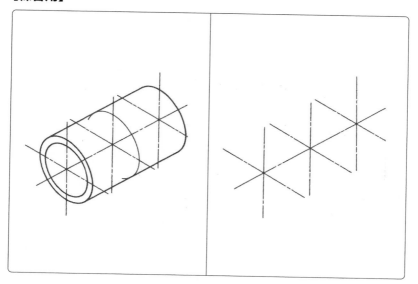

3．円すい「Cone」の描き方

（1）作図練習 ① ・円すい

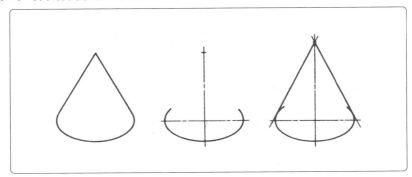

◆ 円柱の描き方の説明図

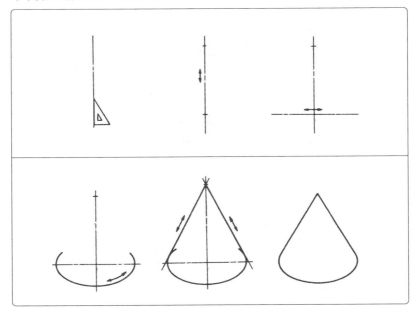

（2）作図練習 ② ・ 円盤＋円すい

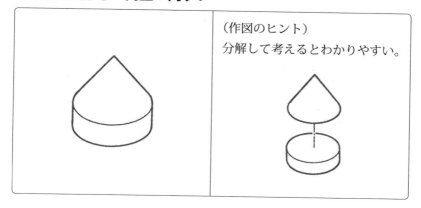

（作図のヒント）

分解して考えるとわかりやすい。

◆ 円柱の描き方の説明図

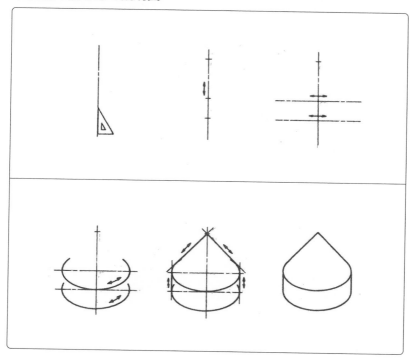

（3）作図練習 ③・円すい台

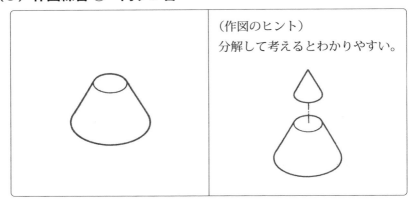

（作図のヒント）
分解して考えるとわかりやすい。

◆ 円柱の描き方の説明図

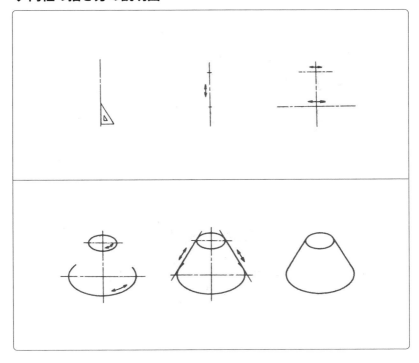

（4）作図練習④・円盤＋円すい台＋円柱

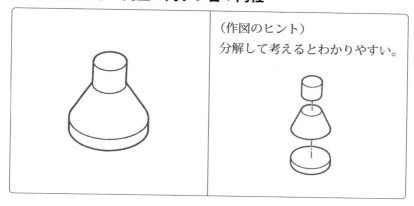

（作図のヒント）
分解して考えるとわかりやすい。

◆ 円柱の描き方の説明図

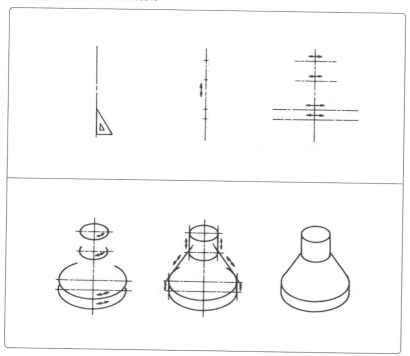

125

（5）作図練習 ⑤・円すい台の組み合わせ

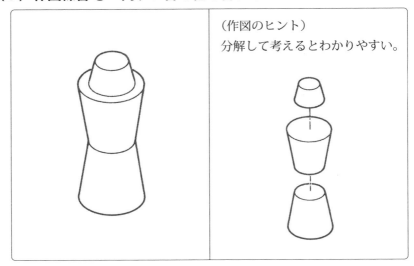

（作図のヒント）
分解して考えるとわかりやすい。

◆ 描き方の説明図

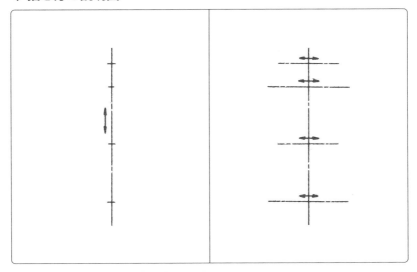

説明図は、次のページに続きます。

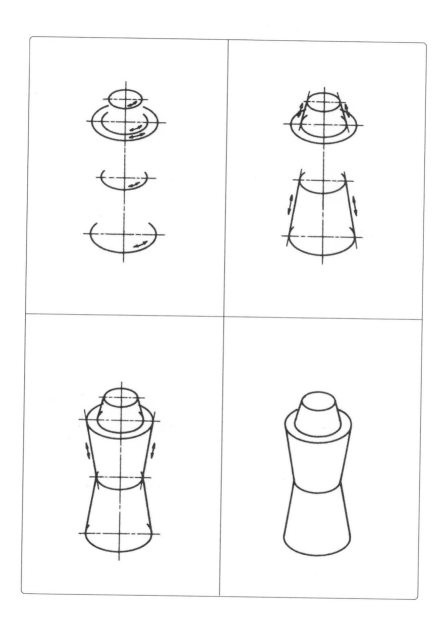

（6）作図練習⑥・円柱＋円すい台＋円柱の棒

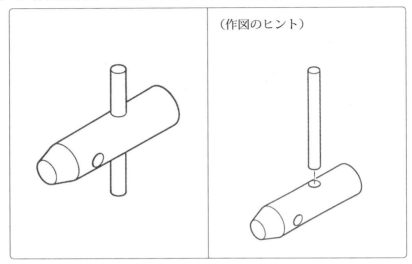

（作図のヒント）

◆ 描き方の説明図

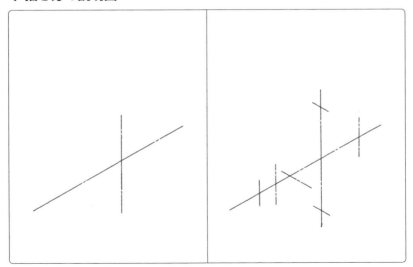

説明図は、次のページに続きます。

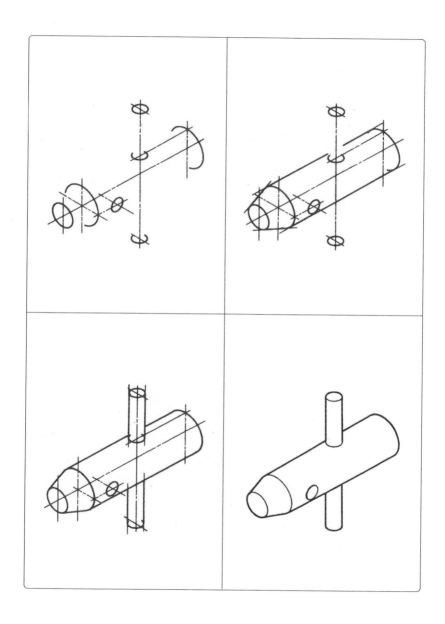

4．球「Sphere」の描き方

（1）作図練習 ① ・ 球

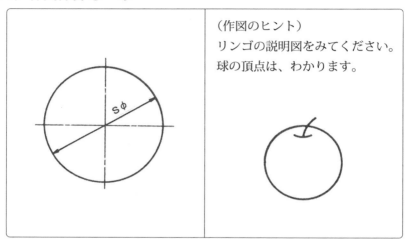

（作図のヒント）
リンゴの説明図をみてください。
球の頂点は、わかります。

◆ 球の描き方の説明図

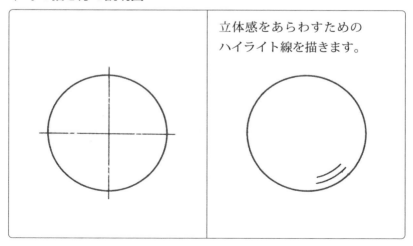

立体感をあらわすための
ハイライト線を描きます。

◆ 球の左右の点の描き方の説明図

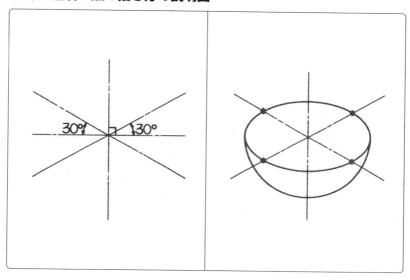

◆ 球の頂点と底の点の描き方の説明図

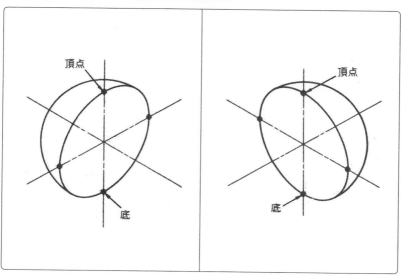

（2）作図練習 ② ・ 円盤＋球

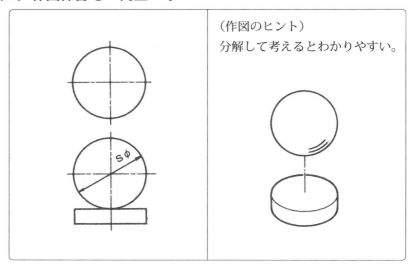

（作図のヒント）
分解して考えるとわかりやすい。

◆ 描き方の説明図

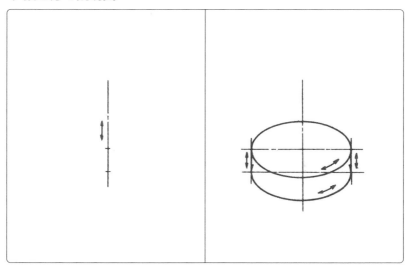

説明図は、次のページに続きます。

（作図のヒント）
補助の楕円を描いてみると、
球の底の点がわかります。

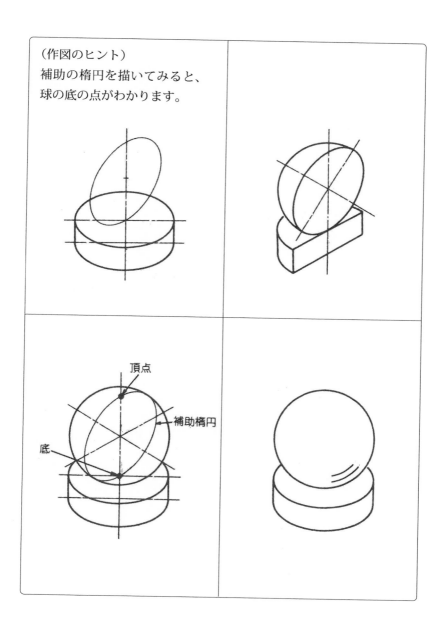

頂点

補助楕円

底

（3）作図練習 ③・球に穴が開いた図形

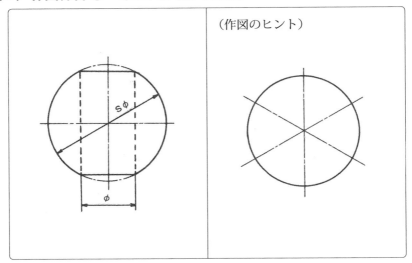

（作図のヒント）

◆ 球に穴が開いた図形の描き方の説明図

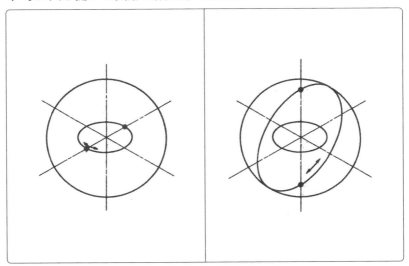

説明図は、次のページに続きます。

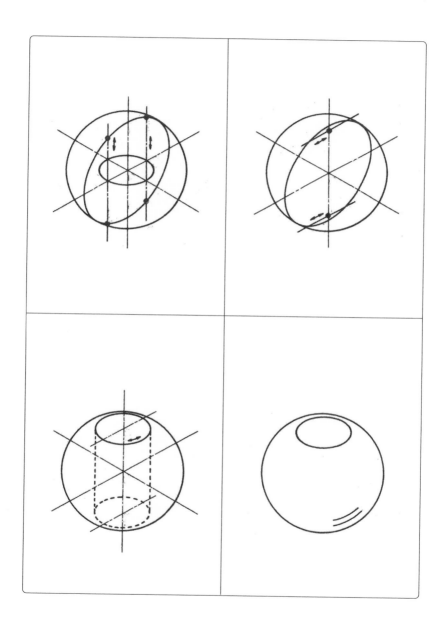

（3）作図練習 ③・円盤＋半球

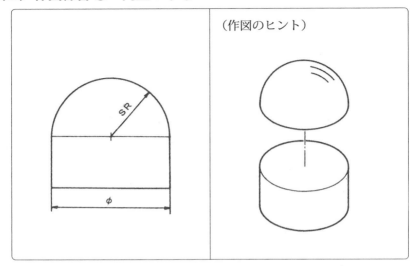

（作図のヒント）

◆ 描き方の説明図

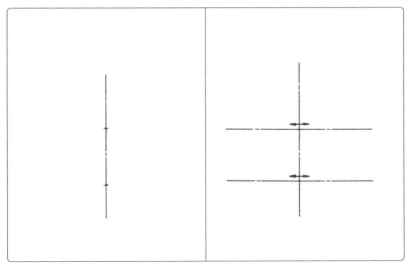

説明図は、次のページに続きます。

136

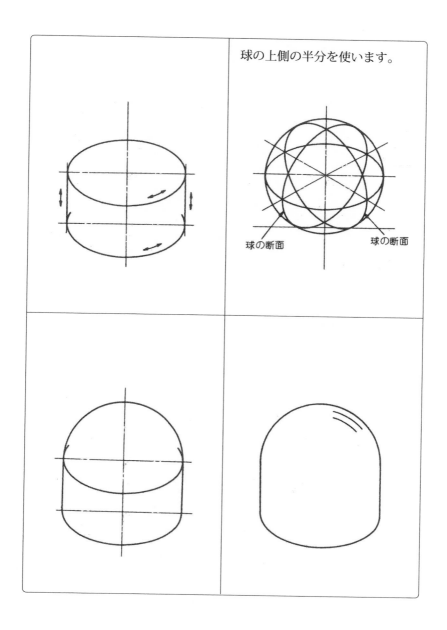

球の上側の半分を使います。

球の断面　　　　　　　球の断面

（4）作図練習 ④・円盤＋球面

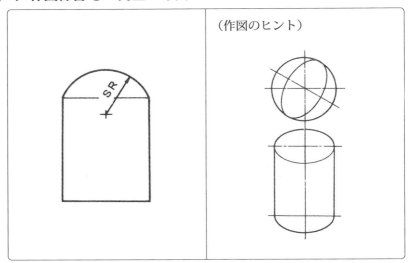

（作図のヒント）

◆ 描き方の説明図

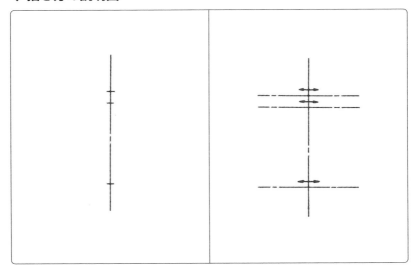

説明図は、次のページに続きます。

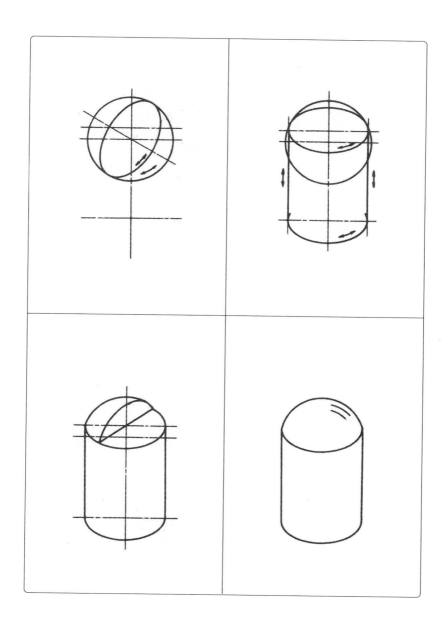

（5）練習問題 ① ・ 円柱＋球

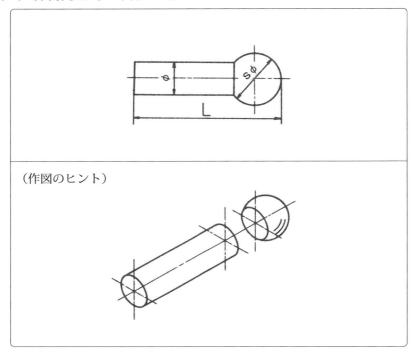

（作図のヒント）

◆ 練習用

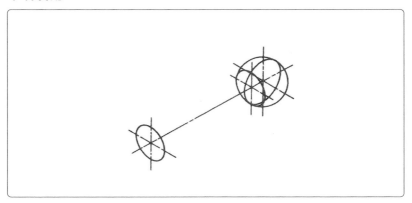

（6）練習問題②

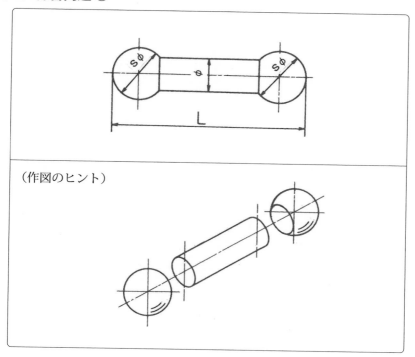

（作図のヒント）

◆ 練習用

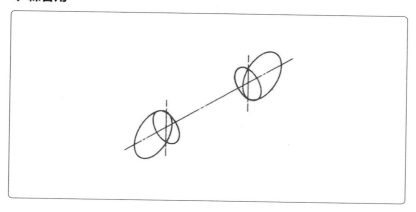

（7）作図練習 ③・正方形の盤＋円柱＋球

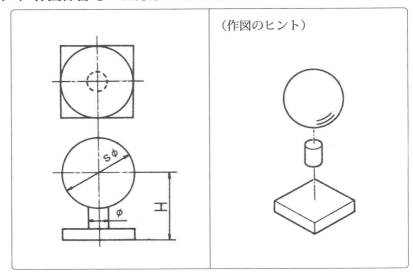

（作図のヒント）

◆ 練習用

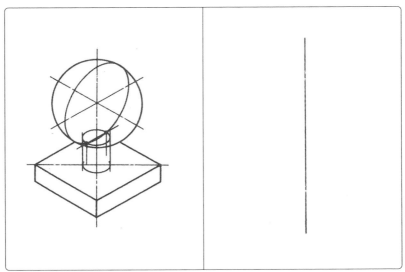

第7章

３Ｄ「立体図」を
プレゼンの
説明図の主役に

この章で紹介している機械要素の部品の事例は、専門の分
野の内容です。参考程度で結構です。ご一読ください。

1．提案事例（1）「座金つき小ねじ」

　特許が登録になるための条件が２つあります。

　第１の条件は新規性。いままでになかった物品の形状や構造、組み合わせ、製造方法などを考えることです。

　第２の条件は進歩性。その物品の形状や構造、組み合わせ、製造方法などによって、新しい効果が生まれることです。

　この２つの条件がそろうと、どんな小さな提案でも、審査官は拒絶する理由がありません。だから、登録になります。

　一例をあげましょう。ボルトに座金（ワッシャー）を入れて本体にねじこむ作業をするとき、座金を落としてしまい、作業に時間がかかることがあります。そこで、座金が抜け落ちないためには、はじめから小ねじにノリをつけて接着しておけばいい、……と考えます。しかし、ひと工程増えて改悪案のような気がします。

　ところが、それをテスト（実験）してみたところ、締めつける時間がいままでの約半分で済んだ、というのです。

　このとき、特許のことを知っていると、これは特許になる。……と判断ができるのです。図は、その説明図です。このスケッチで描いた説明図と３Ｄ「立体図」を見て、比べてみていただきたいのです。

・「座金つき小ねじ」の説明図

接着剤

座金

・「座金つき小ねじ」の３D「立体図」

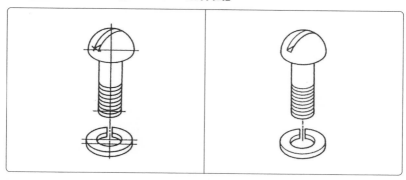

２．提案事例（２）「ネジのゆるみ止めの孔」

　ネジのゆるみ止めの方法は、たくさんの人によって、いろいろな方法が考えられています。

　たとえば、割りピンを通したり、接着剤を使ったり、……。

　しかし、そのいずれも、手数がかかり、一度ねじこむと、それを戻すのに、困難だったりします。

　その中で、一番よく使われているのが、座金（ワッシャー）を入れることです。ところが、これも、完全ではありません。

　そこで、「ネジのゆるみ止めの孔」を考えました。

　それに、六角ナット②の一面に孔③をあけて、その孔に細長い鋼棒の鉄の棒⑤を入れて、上から金づちでコツンっと叩きます。

　すると、六角ボルト①のネジの山の一部がつぶれれます。それで、六角ナットは動かなくなります。

　なお、この六角ナットを必要になってネジを戻そうとするときは、工具を使って六角ナットを強く回せば、ネジの山には、元通りの溝ができ、

きわめて容易に抜きとることができます。

　この小穴から、強力な接着剤を注入しても、同じような効果が生まれます。

　こんな小さな作品が特許になるのです。

　図は、その説明図です。このスケッチで描いた説明図と３Ｄ「立体図」を見て、比べていただきたいのです。

・「ネジのゆるみ止めの孔」の説明図

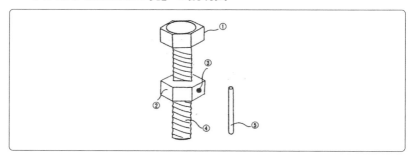

・「ネジのゆるみ止めの孔」の３Ｄ「立体図」

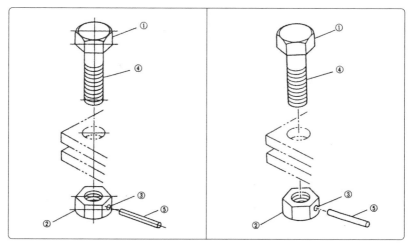

146

3．提案事例（3）「プラスねじの溝」

　ねじの溝がこわれて、ねじこみも、戻すこともできない。

　どうすればいいのか、それなら溝を２本につければ、という考えがでます。それが、プラスねじです。

　ところが、プラスねじをねじこもうとしたＡさんは、そこに、マイナス用のドライバーしかないので、ねじこみができませんでした。

　そこで、Ａさんは、すぐ、どうすればいいか、と考えました。

　すると、溝が１本つきぬければ、……という発想になり、説明図のようなねじが生まれました。

　この説明図の３Ｄ「立体図」は、作品のポイントがわかりやすく描かれています。

・「プラスねじの溝」の説明図の３Ｄ「立体図」

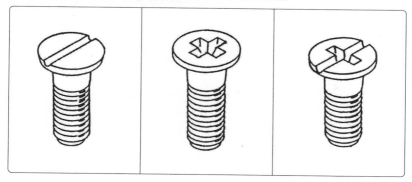

4．立体分解図の作図例

　機械要素部品の中で、「六角ボルト、平座金、バネ座金、六角ナット」
は、代表的なものです。

　説明図は、その使用例を示した立体分解図です。この立体分解図と組
立図のスケッチ図をみて、その効果を比べてみていただきたいのです。

・機械要素部品の「組立図」と「立体分解図」

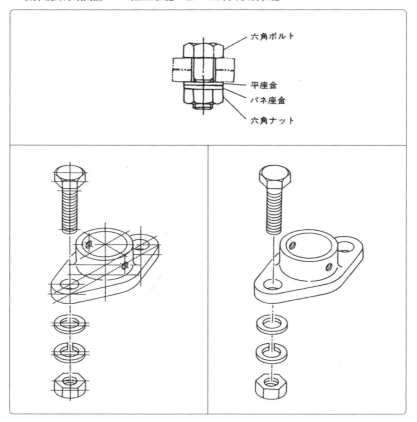

5.　改善・提案の「答え」がみつかる 「Ｐ・Ｄ・Ｃ・Ａ」のすすめ

　改善・提案の一般的な考え方、進め方は、「ISO9001（国際規格）」の概念と共通しているところがあります。

　参考になると思いますので紹介しましょう。

　「Ｐ・Ｄ・Ｃ・Ａ」は、品質マネジメントを運用するための企画で顧客満足度をあげることを目標にしたものです。

　この規格を理解するうえで「Ｐ・Ｄ・Ｃ・Ａ」と、呼ばれる用語があります。

　「Ｐ・Ｄ・Ｃ・Ａ」は、「Ｐ：Plan(計画)」、「Ｄ：Do(実施)」、「Ｃ：Check(確認)」、「Ａ：Action(対策実行)」の意味です。

　それぞれの段階を次々に行なっていきます。

　そこで、効率的なマネジメントと継続的な改善・提案を行ない、顧客の満足度をあげる手法として使われています。

　対策実行（Ａ）をするには、計画（Ｐ）から順に行なっていきます。

　これを「Ｐ・Ｄ・Ｃ・Ａ」が回るといいます。

　この「Ｐ・Ｄ・Ｃ・Ａ」がうまく回らないと、マネジメントがうまくできないことになります。

　その結果、最終的には顧客の満足度が得られないのです。

　改善・提案も同じです。改善・提案を「Ｐ・Ｄ・Ｃ・Ａ」にあてはめると、次のようになります。

◆「Ｐ・Ｄ・Ｃ・Ａ」

> □ Ｐ：まず、どんなものがいいかを考えます。
> 　 Ｐ：は、計画、目標です。

□ D：試作してみます。 　 D：目標達成の方法を検討し、その方法を実行します。	
□ C：使ってみて思ったようにできているか確認します。 　 C：目標に近づいているか確認します。	
□ A：これでOKか、課題（問題点）はないか確認します。 　 A：結果が目標から離れていれば「P・D・C・A」をくりかえします。	

◆ チェックリスト

□　目標を見直します。……………………P：Plan(計画)	
□　目標達成の手法をかえます。……………D：Do(実施)	
□　かえた手法で効果がでたか、確認します。…C：Check(確認)	
□　課題があれば、それを解決します。………A：Action(対策実行)	

この「P・D・C・A」を実行してください。

改善・提案を効率良くムダなく進めることができます。

■参考図書のご案内

　改善や提案については、拙著『やさしい改善・提案活動のアイデアの出し方——世の中で成功・出世するために』（日本地域社会研究所刊）、『誰でも書ける！「発明・研究・技術」小論文の書き方——成功・出世するノウハウを教えます』（日本地域社会研究所刊）などに詳しくまとめてあります。

第8章

毎日〝ワクワク〟を
体験できる発明に
チャレンジしよう

【メモ】

二重の枠（ワク）を描いてください。

　その中に〝思いついたアイデア〟〝すごい発明〟を書きこ
んでください。

　二重の枠（ワク）だけに、ワクワクしますよ。

1. 笑顔の力

余 談
・著者の楽しい言葉遊び（ダジャレ）におつきあいください。

♥ 言葉遊び（ダジャレ）で結婚式のスピーチ

　ある日のこと、原宿の東郷記念館で、教え子の結婚披露宴があり、ご招待いただきました。

　挨拶と乾杯を頼まれて、緊張しながらも、楽しい時間を過ごしました。

　よく、新郎、新婦のカップルはアツアツだ、といいますよね。

　みなさんは、このアツアツぶりの温度、何度か、考えたことありませんか。

　その温度は何度だ、と思いますか……と参列者に問いかけます。

　すると、会場のみなさんが、ウーン、何度だろう……と考えてくれます。339度と答えてくれる人もいます。神前式の儀式の１つ「三々九度（さんさんくど）」です。でも、私の「答え」は違います。

　２人は、とても新鮮です。だから、「答え」は、鮮（1000）度です。

　何で、鮮（1000）度ですか？……と質問されます。

　それは、いつまでも新鮮で、鮮度を保っていただきたいからですよ。

　どうすれば、鮮度を保てますか？

　いつも、ふたりで一緒にアツアツのご飯を食べるのです。

　また、料理を食べるときは、容器をいっぱい使うでしょう。

　だから、いつも、陽気(容器)になれます。

　お幸せに！

◆ 知っていましたか。手提げ袋「紙袋」の取っ手の秘密

　手提げ袋「紙袋」のとって（取っ手）もいい話です。

　近くに、手提げ袋「紙袋」ありませんか。……、その手提げ袋「紙袋」の取っ手の部分、みてください。2本の手提げ紐をずらしているでしょう。

　知っていましたか。

　……、これはなぜでしょう。

　手提げ袋「紙袋」は、2本の手提げ紐をずらして貼りつけています。

　これは、製造上のミスではありませんか。……といった質問を受けることがあります。

　2本の手提げ紐は、あえてずらしてつけています。

　「答え」は、ずらしてるが、○（マル）です。

　ずれてるは、×（バツ）です。

　その理由は、手提げ袋「紙袋」を平らにするためです。手提げ袋「紙袋」を重ねたときに、同じ位置に紐がついていると、その部分だけふくらんで、かさばります。

　こうして紐をずらしてつけておくと、それだけ、高さが低くなります。

　また、梱包するとき、わずかなふくらみが大きな差になります。シワになることもありません。

　それで、梱包をコンパクトにすることができるからです。

　使い勝手には、何の影響もありませんので、ご安心ください。

2．「ホッチキス」の針の改善・提案

（1）「ホッチキス」は、紙をとじるもの

　「ホッチキス」といえば、紙をとじる道具です。だから、「ホッチキス」は、いろいろな場所で活躍しています。

　「ホッチキス」は、学校やオフィスなどで使う文房具です。学生や社

会人の方でも使う文房具といえば、「ホッチキス」です。一般的なのが「NO.10」の「針」です。1個の本数は、「1連＝50本」です。

　「ホッチキス」の名称は、普通名称化していて、マックス社を含め、商標に登録された名称ではありません。それで、地域によっても、「ジョイント」や「ガッチャンコ」、国によっても、「ステープラ」、「クチトリッチ」など、「ホッチキス」は、さまざまな名称で、多くの人に親しまれています。

　このように、長年、多くの人に使われている便利な「ホッチキス」です。でも、使っていて、ウッ……と思ったとき、それを改善・提案をすれば、もっと便利になります。

（2）小さなことにも、疑問をもとう

　みなさんも、その「ホッチキス」で、書類を重ねて綴じたいとき「針」が入ってないことに気がつかず、カラ打ちしたこと、ありませんか。

　こういった体験をしたときに、小さなことだけど、改善・提案をするための課題（問題点）を発見できるわけです。

　それでは、ここで、「ホッチキス」の「針」について、考えてみましょう。

　そうか、「ホッチキス」の「針」の残量がひと目でわかるように工夫すればいいのか、……。

　そこで、「針」に目印（着色）をつけることを考えました。

　この瞬間、これは、すごい〝改善・提案だ〟と思って、イキイキした顔になります。

　素晴らしいことです。職場でも、家庭でも、イキイキして、すべてが楽しくなります。

　そして、形「製品」に結びつきそうで、大きな夢を友人や家族にかたりかけます。

　また、一人で、毎日、ワクワク、ドキドキを体験します。その様子をみて、周囲の人まで明るくなっています。

（3）小さな思いつきからスタートして、
　　　手づくりで試作品をつくってみよう

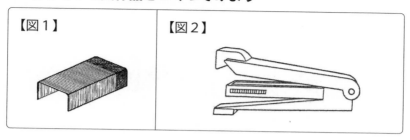

【図1】　　　　　　　　【図2】

　課題（問題点）の解決案として、形がカタカナのコの字型をしている「針」の周囲の一部に目印（着色）をつけてみました。それが、残量が少なくなっていることを知らせてくれる目印（着色）になるわけです。

　それを、さっそく試してみました。すると、残量がひと目でわかりました。でも、「ホッチキス」の「針」の入れ方を間違うと、最初、目印（着色）を使ってしまいます。ここで、わかったことがあります。課題（問題点）を解決する「答え」は、1つではない、ということです。

　みなさんには、私が描いた説明図のように、「ホッチキス」の「針」に、手づくりで試作品をつくり、実際に目印（着色）をつけて使っていただきたいのです。

　ところで、みなさんは、「ホッチキス」の「針」に、どんな目印（着色）をつけたいですか。

　では、ここで、第2章で紹介した、「立体三角グラフ用紙」に描いてみましょう。

　すると、すぐに、私は、図面は苦手で描けません。……といってくる人がいます。

　大丈夫ですよ。じつは「立体三角グラフ用紙」は、とても、不思議な用紙で、だれでも、実物と同じような3D「立体図」が短時間で描けます。

　試作品の「針」の図面（スケッチ）は、この用紙を使うとキレイに描

くことができますよ。

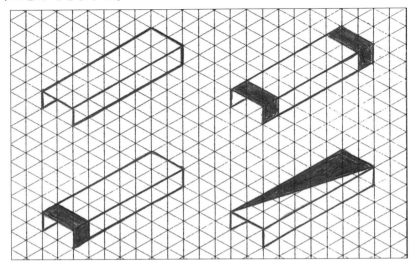

（4）「立体三角グラフ用紙」を使ってみよう

　試してみましょう。シャープペンシル（鉛筆）で、「立体三角グラフ用紙」
の３つの方向の線をなぞるだけで、３Ｄ「立体図」が描けます。

　みなさんは、私が描いた「ホッチキス」の「針」の説明図と同じよう
に描いて、練習してください。実物と同じような３Ｄ「立体図」が描け
ます。

　……、どうですか。すごいでしょう。

　ひとりで、感動していただきたいと思います。

　それでは、あなたが思いついた新しい「ホッチキス」の「針」を描い
てください。

　いま、「ホッチキス」の「針」を改善・提案した、結果がスグにわか
ります。

　顔を鏡でみてください。自分の顔が輝いているのが確認できますよ。

【練習用】

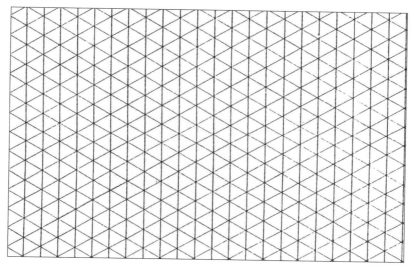

3．アイデア発想は、人生を楽しく、明るくする

●考えることは楽しい

「発想」って何でしょうか。むずかしく考えることはありませんよ。辞書を引いても、思いつき、ある発想を文章にあらわすこと、……と、いったことが書いてあります。

新しい作品を生みだすこと、発想することは、人間の本能です。考えることが楽しいと思います。

それが小さな、「思いつき」のアイデアだったとしても、スカッとしてさわやかな気分になれるものです。

● 新しい作品を生みだすことは将来の夢がある

「思いつき」です。だから、数学のように、3日も、4日も、悩み、考えなくても大丈夫です。

また、入学試験のようにどうしても記憶しなければならない、というものでもありません。

「思いつき」です。だから、自由（遊）自在、とても楽しいです。

しかも、将来の夢がわいてきます。そして、だれでも自分の作品がどんなに小さなことでも、それが愚案であったとしても、○○の作品は素晴らしい、と過大評価をして、将来の夢をみてしまうものです。

それは、学問の「ある、なし」には、ぜんぜん関係ありません。

発想学に興味をもてば人間は、だれでも毎日の生活が楽しくなり、人生を明るく暮らすことができるようになります。

4．すべての「成功の素」になる

● 小さな仕事でも楽しくなる

人はだれでも、いまやっている仕事について発想力を働かせて、次々と作品を生みだしていると、それがどんなに小さな仕事でも、つまらない、と思っている仕事でも、楽しくなり、辛抱強くなり、劣等感はなくなり、将来の夢がわいてきます。

だから、それを続けると、すべてのことについて成功につながるからです。

● たくさん実績ができれば、その功績が認められる

たとえば、学校を卒業して、就職するときは、多くの人が、将来、安定している企業や有名会社を希望すると思います。親もすすめると思い

ます。

　ところが、入社して、２年、３年過ぎると偉い人がたくさんいることがわかります。それで、少々のことでは認めてもらえないこともわかります。

　でも、がっかりしないでください。どこの会社でも、職場の中で、改善・提案があります。そして、自分の仕事で、不便なこと、改善・提案ができるところをみつけることです。その内容が「いい、わるい」に関係なく、たくさん改善の提案をすることです。

　数が多く実績ができれば、上司はあなたの功績を認めざるを得ないのです。

　このような、改善・提案を活用することです。

5．平面図形と立体図形を比べてみよう

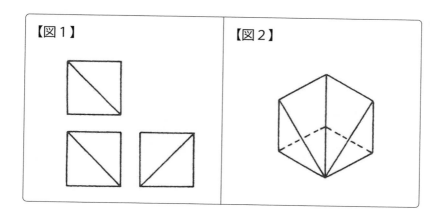

　図１、図２を見てください。同じ物品の形をあらわしています。

　図１（平面図形）は、図面「正面図、平面図、側面図」の情報が３つ

あります。

　正面図……物品を真正面から見て描いた図です。

　平面図……物品を真上から見て描いた図です。

　側面図……物品を真横から見て描いた図です。

　それなのに、その形がすぐにはピンとこないでしょう。また、この図面から、立体的な形、想像できますか。物品の３Ｄ「立体図」、描けますか。

　図２（立体図形）は、情報が１つです。だから、だれにでもわかります。３つの図面「正面図、平面図、側面図」の情報を１つにまとめています。

　それが３Ｄ「立体図」です。立体的な形がすぐにわかります。見るほうは、すごくラクです。

　このように、製図を知らない人には、まことに都合のいい図面です。

　３Ｄ「立体図」は、見取り図、斜面図ともいわれています。特許の図面では、〝斜視図（しゃしず）〟と、よんでいます。

6．○○の作品をまもってくれるやさしい産業財産権

■ 産業財産権「特許・実用新案・意匠・商標」

（1）特許（発明）：Patent

　Patent：パテントは、特許の意味です。

　PAT.P（Patent pending）：特許出願中の意味です。

　物の発明、方法の発明を保護します。

　特許の権利期間は、出願の日から20年です。

　医薬品の一部の分野では、延長登録出願により存続期間は、５年を限度として延長することができます。

（2）実用新案（考案）：utility model

物品の形状、構造、組み合わせの考案を保護します。

実用新案の権利期間は、出願の日から 10 年です。

（3）意匠（デザイン）：design

物品の形状、模様、色彩などのデザインを保護します。

意匠の権利期間は、出願の日から 25 年です（令和 2 年 4 月 1 日に改正されました）。

（4）商標（ネーミング、サービスマーク）：trademark/service mark

文字、図形、記号、立体的形状の商標を保護します。

商標の権利期間は、設定登録の日から 10 年です。

一定の要件を満たせば、商標権だけは、存続期間の更新登録の申請をすれば、何回でも期間の更新をすることができます。

それで、商標権は「永久権」ともいわれています。

「®（マルＲマーク）：登録商標」（registered trademark）

7．ひとりで悩まないで、
「発明体験相談（1回・1件)」を活用しよう

まち（個人）の発明家のよき相談役として、頼りにされている、一般社団法人 発明学会（会員組織）では、発明家の入門者のために、「発明体験相談（1 回・1 件)」を行なっています。面接相談（30 分以内）は、予約が必要です。

「発明体験相談」を希望されるときは、相談にこられる前に、あなたの作品に関連した情報を集めてください。図面（説明図）を描いてくだ

さい。「明細書」にまとめてください。形式のチェック、書き方の添削、売り込み（プレゼン）などのアドバイスができます。

　関連した情報、「明細書」の下書きは、ＵＳＢメモリーに保存しておいてください。それを相談のときに、持参してください。本書も一緒に持参してください。読者サービスです。

　余談ですが、自分のために貴重な時間をつくっていただいて申し訳ない、といって、その地方の美味しいお土産を持参していただける方もいます。心遣い、とても、嬉しいです。

　私（中本）は、洒落も大好きです。お酒も大好きです。

　遠方で面接相談に来られない方のために通信で手紙の相談も行なっています。

　本書を読みました。……と本の書名を書いてください。作品は、形式にまとめた、「明細書」と図面(説明図)のコピーを送ってください。一言、本の感想も添えていただけると嬉しいです。

　そのときのお願いです。用紙は、Ａ列４番「Ａ4」（横21㎝、縦29・7㎝）の白紙を使ってください。パソコンのワード（Word）、または、ていねいな字で書いて、必ず写し（コピー）を送ってください。

　返信用の緒費用は、ご負担いただきます。「返信切手を貼付、郵便番号、住所、氏名を書いた封筒、または、あて名を印刷したシール」も一緒に送ってください。

　「発明体験相談（１回・１件）」の諸費用は、返信用とは別に一件、84円切手×8枚です。

　　〒162-0055　東京都新宿区余丁町７番１号
　　一般社団法人 発明学会気付　中本 繁実 あて

《参考文献》

　特許願の書類の書き方の参考文献は、拙著『完全マニュアル！ 発明・特許ビジネス』（日本地域社会研究所刊）、『はじめの一歩 一人で特許の

手続きをするならこの1冊 改訂版』（自由国民社刊）などがあります。

■ ― 発明成功十訓 ―

一. 発明は、慾から入って慾から、はなれたころ、成功する

二. わるい案も出ない人に、よい案は生まれない

　　まず、わるい案でもよいからたくさんだせ

三. 1つ考えた人は、考えなかった人より1つ頭が良くなる

四. 頭、手、足を使っても、お金は使うな

五. 発明のテーマ「科目」は、

　　自分でテスト（実験）ができるものの中から選べ

六. くそっと思ったら、金の卵がある

七. 半歩前進、ちょっとひねれ、それが成功のもと

八. 他の人（第三者）の発明に感動する心を養え

　　次に、私ならこうする。……、と考えよ

九. 出願の書類の文章は、自分で書け、それが、次の発明をひきだす

十. 発明の売り込み「プレゼン」は、発明したエネルギーの二倍使え

8．「一般社団法人 発明学会（会員組織）」の紹介

　一般社団法人 発明学会（会長 中本繁実）は、67年（昭和29年創立）の実績があります。

　発明することが大好きなサラリーマン、主婦など、約3000人のまち（個人）の発明家の発明活動を支援する団体・一般社団法人です。

　「特許」「発明」というと一般の方には、むずかしいイメージがあります。

　ところが、ごく普通の主婦、サラリーマンが毎日の生活の中で、便利

に暮らせるように、生活道具を工夫しています。

　主な例として、主婦が工夫した「電気洗濯機の糸くず取り具」、「初恋ダイエットスリッパ」、など、があります。

　サラリーマンが発明した「ゴキブリホイホイ」、「オセロゲーム」などの〝ヒット商品〟も当会 会員の提案から誕生した商品です。

◆ （一社）発明学会の最寄り駅

　「（一社）発明学会・東京発明学校」の最寄り駅は、「都営大江戸線（地下鉄）・若松河田駅」です。ＪＲなどの「新宿駅」で乗り換えるときは、都営大江戸線「新宿西口駅」をご利用ください。「新宿西口駅」から、２つ目の駅「若松河田駅（新宿西口駅→東新宿駅→若松河田駅）」です。

　改札口をでてください。右側の方向が「河田口（地上出口）」です。真正面の壁に案内用の地図があります。その地図に「一般社団法人 発明学会（東京都新宿区余丁町７番１号)」の場所が表示されています。

□ ①	地上の出口「河田口」をでてください。正面は、「青春出版社」です。 最初の目標は、すぐ左側にみえる「交番」です。 前の道は「職安通り」です。その道を左側方向へ歩いてください。
□ ②	その次の目標は、そのまま歩道を200ｍくらい歩いてください。 最初の「信号」です。左側に「毎日新聞の販売所」があります。 道路をはさんで右側には、「余丁町（よちょうまち）小学校」がみえます。
□ ③	「毎日新聞の販売所」の角を「左折」してください。 一方通行の細い道です。
□ ④	10ｍくらい歩いてください。 そこを「右折」してください。ここも細い道です。

□　⑤　そこから、200ｍくらい歩いてください。
　　　右側の５階建ての黒っぽいビルが「一般社団法人　発明学会」
　　　です。
　　　「若松河田駅」から、徒歩約５分です。「若松河田駅」から、徒
　　　歩約５分です。

　読者のみなさん、貴重な時間を使って、本書を最後まで読んでいただ
きましてありがとうございました。心から、お礼を申しあげます。

おわりに

　本書は、原稿の段階で、著者が教えている学生さんや３Ｄ「立体図」の知識がない数名の方に、お願いをして、読んでいただきました。それで、わかりにくい、といわれたところには、さらに、興味をもっていただけるように、手を入れました。

　お読みいただいて、いかがでしたか。

　……、感想は、もっと、学習してみよう。よし、３Ｄ「立体図」なら、自分に任せて、……。

　そんな気持ちになっていただけたら、著者として、こんなに嬉しいことはありません。

　この本を踏み台にして、さらに学習して、３Ｄ「立体図」を自分のものにしてください。そうすることによって、この経済不況の時代に新たな展望が開けます。

　また、本書を最後まで、やり通したあなたは、３Ｄ「立体図」を描くのが楽しくなったでしょう。

　本書を基礎にして、これからも応用技術を身につけて、３Ｄ「立体図」のスペシャリストになってください。

　たとえば、改善・提案は、どこの会社でもやっています。

　改善・提案の説明図は、３Ｄ「立体図」で描いてください。文科系出身の人でもよくわかります。その結果、改善・提案がとりあげられます。

　そうです。もう、苦手な文章でくどくどと説明しなくても大丈夫です。３Ｄ「立体図」には、本書のように、説得力があります。

　本書で紹介した、いろいろな物品の形の３Ｄ「立体図」が描けるようになったでしょう。さらに、練習をすれば複雑な物品の形状も描けるようになります。

　読者のみなさんが、本書を座右において、改善・提案・発明で、イキ

イキした顔で、活躍される機会がふえることを楽しみにしています。
　結果がでれば、笑顔の日々になります。うれしいお便りまっています。

著者紹介

中本 繁実 (なかもと・しげみ)

　1953年(昭和28年)長崎県西海市大瀬戸町生まれ。

　長崎工業高校卒、工学院大学工学部卒、1979年社団法人発明学会に入社し、現在は、会長。発明配達人として、講演、著作、テレビなどで「わかりやすい知的財産権の取り方・生かし方」、「わかりやすい特許出願書類の書き方」など、発明を企業に結びつけて製品化するための指導を行なっている。初心者のかくれたアイデアを引き出し、たくみな図解力、軽妙洒脱な話力により、知的財産立国をめざす日本の発明最前線で活躍中。わかりやすい解説には定評がある。

　座をなごませる進行役として、恋愛などのたとえばなし、言葉遊び(ダジャレ)を多用し、学生、受講生の意欲をたくみに引き出す講師(教師)として活躍している。洒落も、お酒も大好き。数多くの個人発明家に、成功ノウハウを伝授。発明・アイデアの指導の実績も豊富。

　東京発明学校校長、工学院大学非常勤講師、家では、非常勤お父さん。

　日本経営協会参与、改善・提案研究会 関東本部 企画運営委員。

　著作家、出版プロデューサー、1級テクニカルイラストレーション技能士。職業訓練指導員。

　著書に『発明・アイデアの楽しみ方』(中央経済社)、『はじめて学ぶ知的財産権』(工学図書)、『発明に恋して一攫千金』(はまの出版)、『発明のすすめ』(勉誠出版)、『これでわかる立体図の描き方』(パワー社)、『誰にでもなれる発明お金持ち入門』(実業之日本社)、『はじめの一歩 一人で特許(実用新案・意匠・商標)の手続きをするならこの1冊 改訂版』(自由国民社)、『発明・特許への招待』『やさしい発明ビジネス入門』『発明魂』『知的財産権は誰でもとれる』『環境衛生工学の実践』(以上、日本地域社会研究所)、『特許出願かんたん教科書』(中央経済社)、『発明で一攫千金』(宝島社)、『発明!ヒット商品の開発』『企業が求める発明・アイデアがよくわかる本』『こうすれば発明・アイデアで一攫千金も夢じゃない!』『知識・知恵・素敵なアイデアをお金にする教科書』『誰でも発明家になれる!』『3D「立体図」作画の基礎知識』『発想工学のすすめ』(以上、日本地域社会研究所)など多数。

　監修に『面白いほどよくわかる発明の世界史』(日本文芸社)、『売れるネーミングの商標出願法』『誰でも上手にイラストが描ける! 基礎とコツ』(共に日本地域社会研究所)など。監修/テキストの執筆には、がくぶん『アイデア商品開発講座(通信教育)』テキスト6冊がある。

3D「立体図」は伝えるチカラになる

2021 年 9 月 10 日　第 1 刷発行

著　者　中本繁実
発行者　落合英秋
発行所　株式会社 日本地域社会研究所
　　　　〒 167-0043　東京都杉並区上荻 1-25-1
　　　　TEL　（03）5397-1231（代表）
　　　　FAX　（03）5397-1237
　　　　メールアドレス　tps@n-chiken.com
　　　　ホームページ　http://www.n-chiken.com
　　　　郵便振替口座　00150-1-41143
印刷所　中央精版印刷株式会社

ISBN978-4-89022-283-4

————— 日本地域社会研究所の好評図書 —————

前立腺がん患者が放射線治療法を選択した理由

がんを克服するために

小野恒ほか著／中川恵一監修…がんの治療法は医師ではなく患者が選ぶ時代。告知と同時に治療法の選択をせまられる。正しい知識と情報が病気に立ち向かう第一歩だ。治療の実際と前立腺がんを経験した患者たちの生の声をつづった一冊。

46判174頁／1280円

こうすれば発明・アイデアで「一攫千金」も夢じゃない!

あなたの出番ですよ!

中本繁実著…細やかな観察とマメな情報収集、的確な整理が成功を生む。好きをお金に変えようと呼びかける楽しい本。埋もれている。

46判205頁／1680円

高齢期の生き方カルタ ～動けば元気、休めば錆びる～

三浦清一郎著…「やること」も、「行くところ」もない、「毎日が日曜日」の「自由の刑（サルトル）」は高齢者を一気に衰弱に追い込む。終末の生き方は人それぞれだが、現役への執着は、人生を戦って生きようとする人の美学であると筆者は語る。

46判132頁／1400円

新・深・真 知的生産の技術

知の巨人・梅棹忠夫に学んだ市民たちの活動と進化

久恒啓一・八木哲郎著／知的生産の技術研究会編…梅棹忠夫の名著『知的生産の技術』に触発されて1970年に設立された知的生産の技術研究会が研究し続けてきた、知的創造の活動と進化を一挙に公開。巻末資料に研究会の紹介も収録されている。

46判223頁／1800円

大震災を体験した子どもたちの記録

宮崎敏明著／地球対話ラボ編…東日本大震災で甚大な津波被害を受けた島の小学校が図画工作の授業を中心に取り組んだ「宮古復興プロジェクトC」の記録。災害の多い日本で、復興教育の重要性も合わせて説く啓蒙の書。

A5判218頁／1389円

日英2カ国語の将棋えほん

漢字が読めなくても将棋ができる!

斉藤三笑・絵と文…近年、東京も国際化が進み、町で外国人を見かけることが多くなってきました。日本に来たばかりの生徒も、この本を見て、すぐにみんなと将棋を楽しんだり、将棋大会に参加するなんてこともできるかもしれません。（あとがきより）

A4判上製48頁／2500円

日本地域社会研究所の好評図書

子どもに豊かな放課後を

学童保育と学校をつなぐ飯塚市の挑戦

三浦清一郎・森本精造・大島まな共著…共働き家庭が増え放課後教育の充実が望まれているのに、学校との連携が組織上不可能で進まないのが現状だ。健全な保育機能と教育機能の融合・充実をめざし、組織の垣根をこえた飯塚市の先進事例を紹介。

46判133頁／1400円

「過疎の地域」から「希望の地」へ

地方創生のヒント集

奥崎喜久著…過疎化への対策は遅れている。現状を打破するための行政と住民の役割は何か。各地で人口減少にストップをかけてきた実践者ならではの具体的な提案を紹介。過疎地に人を呼び込むための秘策や人口増につなげた国内外の成功事例も。

46判132頁／1500円

新時代の石門心学

新時代の地域づくり

黒川康徳著…石門心学の祖として歴史の一ページを飾った江戸中期の思想家・石田梅岩。今なお多くの名経営者が信奉する。平成の著名人が遺した珠玉の名言・金言集に生き方を学び、当時の商人や町人を導いた梅岩の思想を明日への提言を交えて解説。

46判283頁／2000円

平成時代の366名言集

～歴史に残したい人生が豊かになる一日一言～

久恒啓一編著…366の人生から取りだした幸せを呼ぶ一日一訓は、現代人の生きる指針となる。平成の著名人が遺した珠玉の名言・金言集に生き方を学び、人生に目的とやりがいを見出すことのできるいつもそばに置いておきたい座右の書!

46判667頁／3950円

聖書に学ぶ! 人間福祉の実践

今こそ石田梅岩に学ぶ!

大澤史伸著…キリスト教会の表現するイエス像ではなく、人間としてのイエスという視点で時代を読み解く! 人間イエスが見た現実。その中で彼はどのような福祉実践を行なったのか。人間としてのイエスは時代をどう生き抜いたかをわかりやすく解説。

46判132頁／1680円

中国と日本に生きた高遠家の人びと

現代に問いかけるイエス

八木哲郎著…国や軍部の思惑、大きな時代のうねりの中で、世界は戦争へと突き進んでいく。時代に流されず懸命に生きた人びとの姿を描いた実録小説。来日した中国人留学生。

戦争に翻弄されながらも懸命に生きた家族の物語

高遠家と中国・天津から

46判315頁／2000円

三つ子になった雲　難病とたたかった子どもの物語 新装版

船後靖彦・文／金子礼・絵…MLDという難病に苦しみながら、治療法が開発されないまま亡くなった少女とその家族をモデルに、重度の障害をかかえながら国会議員になった舩後靖彦が、口でパソコンを操作して書いた物語。

A5判上製36頁／1400円

思いつき・ヒラメキがお金になる！　簡単！ドリル式で特許願書がひとりで書ける

中本繁実著…「固い頭」を「軟らかい頭」にかえよう！小さな思いつきが、努力次第で特許商品になるかも。出願、売り込みまでの方法をわかりやすく解説した成功への道しるべともいえる1冊。

A5判223頁／1900円

誰でも上手にイラストが描ける！基礎とコツ　知っておけば絶対トクする優れワザ

阪尾真由美著／中本繁実監修…絵を描きたいけれど、どう描けばよいのかわからない。または、描きたいものがあるけれどうまく描けないという人のために。描けるようになる方法を簡単にわかりやすく解説してくれるうれしい指南書！

A5判227頁／1900円

子ども地球歳時記 ハイクが新しい世界をつくる

柴生田俊一著…『地球歳時記』なる本を読んだ著者は、短い詩を作ることが子どもたちの想像力を刺激し、精神的緊張と注意力を目覚めさせるということに驚きと感銘を受けた。JALハイク・プロジェクト50年超の軌跡を描いた話題の書。

A5判229頁／1800円

神になった猫　天空を駆け回る

一般社団法人 ザ・コミュニティ編／大泉洋子・文…ゆくえの知れぬ主人をさがしてさまよい歩き、たどり着いた街でたくさんの人に愛されて、天寿（享年26）をまっとうした奇跡の猫の物語。

A5判54頁／1000円

次代に伝えたい日本文化の光と影

三浦清一郎著…新しい元号に「和」が戻った。「和」を重んじ競争を嫌う日本文化に、実力主義や経済格差が入り込み、歪みが生じている現代をどう生きていけばよいのか。その道標となる書。

46判134頁／1400円

─────── 日本地域社会研究所の好評図書 ───────

AI新時代を生き抜くコミュニケーション術

中本繁実著…あなたのアイデアが莫大な利益を生むかも……。発明・アイデア・特許に関する疑問の答えがここにある。発想法、作品の作り方、アイデアを保護する知的財産権の取り方までをやさしく解説。

大村亮介編著…世の中のAI化がすすむ今、営業・接客などの販売職、管理職をはじめ、学校や地域の活動など、さまざまな場所で役に立つコミュニケーション術をわかりやすく解説したテキストにもなる1冊。

46判180頁／1680円

知識・知恵・素敵なアイデアをお金にする教科書

億万長者も夢じゃない！

46判157頁／1500円

誰でも発明家になれる！

中本繁実著…自分のアイデアやひらめきが発明品として認められ、製品になったら、それは最高なことである。誰にでも可能性は無限にある。発想力、創造力を磨いて、道をひらくための指南書。

できることをコツコツ積み重ねれば道は開く

46判216頁／1680円

人生遅咲きの時代　ニッポン長寿者列伝

久恒啓一編著…人生後半からひときわ輝きを放った81人の生き様は、新時代を生きる私たちに勇気を与えてくれる。長寿者から学ぶ「人生100年時代」の生き方読本。

46判246頁／2100円

現代医療の不都合な実態に迫る

金屋隼斗著…高騰する医療費。競合する医療業界。増加する健康被害。国民の思いに寄り添えない医療の現実に正面から向き合い、現代医療の問題点を洗い出した渾身の書！

患者本位の医療を確立するために

46判181頁／1500円

体験者が語る前立腺がんは怖くない

前立腺がん患者会編・中川恵一監修…ある日、突然、前立腺がんの宣告。頭に浮かぶのは仕事や家族のこと、そして治療法や治療費のこと。前立腺がんを働きながら治した普通の人たちの記録。

46判158頁／1280円